『中央高校建设世界一流大学（学科）和特色发展引导专项资金』资助出版
『国家民委中青年英才培养计划』研究项目
2015年国家留学基金委青年骨干教师出国研修项目

新疆青少年身心发展研究

XINJIANG QINGSHAONIAN SHENXIN FAZHAN YANJIU

董文梅 张涛 阿不拉·玉素甫◎等著

中央民族大学出版社
China Minzu University Press

课题组主要成员:

董文梅　张　涛　阿不拉·玉素甫　马　强　王　辉

陈庆果　薛　宇　万　茹　赵海健　黄晓玉

参与课题研究的其他人员:

王　磊　唐华峰　刘鑫磊　亚森江·阿布都外力

穆萨江　漆　芳　梁　国　肉孜·阿布拉提

黄晓玉　武雪瑞　王雪艳　范美玲

课题组与新疆小学体育教师们座谈

课题组与新疆中学体育教师们座谈

新疆体育教师们认真填写调查问卷的情景

课题组成员调研期间深夜讨论问题

新疆师范大学体育学院副院长阿不拉带队等候分发问卷

新疆师大体育学院组织国培班教师们认真填写问卷

课题组一对一深度访谈新疆中小学体育教师(1)

课题组成员一对一深度访谈新疆中小学体育教师(2)

课题组一对一深度访谈新疆中小学体育教师(3)

课题组到新疆师范大学附属中学调研

课题组与新疆师范大学附中教师们达成科研合作协议

课题组在新疆师范大学校园

课题组到乌鲁木齐市中小学访谈

课题组与新疆乌鲁木齐市第七中学达成科研合作协议

课题组到乌鲁木齐市第七中学看课

课题组到新疆乌鲁木齐市第66中学调研

课题组到乌鲁木齐市第八十中学调研

课题组与哈密二小达成科研合作协议

课题组成员边听课边与陪同体育教师访谈讨论

课题组数据录入工作

总　序

近年来中央民族大学体育学院的同行们积极致力于教学科研工作，撰写发表了大量相关的科研论文与论著，主持或参与了民族传统体育与体质等方向的课题研究，并取得了较为丰富的成果。

中央民族大学体育学院“985 工程”资助项目系列成果，总体以体育学与民族学为研究基本视角。发挥交叉学科科研方法的多缘优势，以提升相关问题研究的科学性与使用价值。

教材类书籍吸收国内外成熟的理论观点，结合中央民族大学多年来的体育教学实际，编写与我校体育教学培养方案与教学大纲相匹配的教材内容。在理论指导的基础上，提出切实可行的教学方案和评价体系，突出教材在教学过程中的规范与可操作性。

科研论著我们力求一改以往同类课题以宏观阐述为主的模式，深入到影响少数民族学生身心的具体环节，得出相关结论，最终依据论证结果设计出最佳解决方案。使民族体育研究具备严谨科学的理论依据，避免以往该类型课题论证与实践过程的粗放与随意。

教学科研成果大多运用了体育学中运动生理学和运动心理学等学科原理，通过测试、数据采集等方式，论证少数民族各群体的健康现状。将民族学人文研究模式与体育学生物性研究模式有机结合，拓宽了民族体育与民族体质研究的渠道。

在民族体育的田野挖掘调研阶段，以民族志“深描”理论为依据。在民族体育的质性研究中，将研究者的现场观察与体验真实地表达，同时把一切能够表达独特关系的情节和文化背景以及民族体育的形式与结构，深入而细致地描述出来。而民族传统体育健身功效价值的研究与应用，从感性认识逐步上升为理性的学理实证研究，为民族传统体育的应用实践提供理论依据。

常规体育项目的健身功效已经被证实，并为人们所接受。而民族体育的健身功效，现阶段多为感性介入层面，缺乏体育学学理的实证数理支撑。而少数民族体育作为他者被人们特别是被体育界所接受，需要在体育学与民族学等学科中形成共同的语言系统，从而在学科的概念上展开沟通，并按照通行的规范来展开对话。在此前提下，民族传统体育与体质的研究与应用，通过体育学科中的运动生理学和运动心理学等理论，展开实证研究产生比对数据，得出学界认可的论证结果，形成民族体育和少数民族体质健康研究的崭新模式。

希望今后体育学院的科研工作和做学问的态度，犹如鲁迅先生所说“有真义，去粉饰，少做作，勿卖弄”，质朴而深入。我们也在试图通过以“广开言路，平权交流”、“多元共生，包容互利”为主旨的读书交流和科研讲座等活动，搭建营造体育学院畅所欲言的科研氛围和政治环境。逐步引导我们的学生和老师以平民立场、专家深度、环球视野看待、讨论社会问题和学术问题，最终形成体育学院“提升人文素养，弘扬体育精神”的独特的人文气象。

中央民族大学体育学院院长 张涛

2013 年 9 月 27 日

前 言

增强青少年体质、促进青少年健康成长是关系国家和民族未来的大事。进一步加强青少年体育，增强青少年体质健康，既是一项长远的战略目标，又是一项紧迫的现实任务。近年监测显示，我国青少年体质健康状况连年下滑，引起了全社会的高度关注。2010 年 3 月 30 日，《中国青年报》刊发的一篇报道《国民体质监测显示我国青少年体能连续 10 年整体下降》引起了广泛的社会关注，2005 年与 1995 年相比，中国学生的柔韧性、爆发力、肌力、耐力、肺活量均呈逐年下降趋势，其中体能素质中的速度素质、力量素质已经连续 10 年下降，耐力素质已经连续 20 年下降，有为数不少的学生甚至已经“跑不动了”。2005 年学生肥胖率检出比 2000 增长近 50%。2012 年至 2013 年笔者参加了国家体育总局组织的《国家体育锻炼标准修订》工作，在对北京、上海、广东、重庆等六个体育活动开展得较好的城市进行抽样测试的过程中，发现的突出问题是青少年身体素质下滑严重，很多男学生 1 个引体向上也做不了，女子 800 米成绩，男子 1000 米成绩较多年前下滑严重。研究制订标准的首席专家是笔者的博士后导师，北京体育大学原副校长，体质健康学科创始人邢文华教授，他经历了从 20 世纪 50 年代起至今《国家体育锻炼标准》《学生体质健康标准》的研制工作，按照现实测到的数据，新标准中的及格、良好、优秀等指标成绩较 1989 年、2003 年的各指标标准均有不同程度的下降。邢文华教授曾在国家体育总局及教育部体卫司相关会议上针对此问题大声疾呼——青少年体质健康关乎国家兴衰。笔者认为，青少年身体素质的下降不仅是学生未来生活中的隐患，从国家层面上讲，中国青少年身体素质普遍欠佳更是中国未来人力资源发展的隐患，这对于国家来说也许是沉重的打击和持久性的灾难。

新疆维吾尔自治区位于亚欧大陆中心，中国西北边陲，与蒙古国、俄罗斯等 8 个国家接壤。新疆是个多民族聚居的地区，全国 56 个民族有 53 个民族在新疆生活。新疆具有多民族、多文化、多宗教的地域特点。习近平总书记在考察新疆工作时指出，新疆社会稳定和长治久安关系全国改革发展稳定大局，关系祖国统一、民族团结、国家安全，关系中华民族伟大复兴。青少年是国家的未来，青少年的健康成长与新疆未来的稳定和发展息息相关。从新疆青少年身心发展视角进行长期研究，其意义在于有利于新疆地区的稳定和发展，有利于为相关管理部门制定政策提供依据，有利于了解新疆青少年身心发展的现状，掌握真实数据，解析青少年身体素质下降的原因，为切实提高新疆青少年身心素质打下基础。本课题组围绕新疆青少身心健康进行研究，分别于 2014 年 12 月、2015 年 10 月到新疆乌鲁木齐市调研，以新疆师范大学举办的国培班为依托组织来自全疆各地的百余名教师进行座谈和深度访谈，深入乌鲁木齐市中学进行听课、录课、参与学生身体素质测试、发放心理问卷等研究工作。召开座谈会和深度访谈时恰逢新疆的第一场大雪，一线体育教师们不畏严寒积极参与填写问卷、座谈、访谈等工作。参加国培班的体育教师们工资低，但他们不收劳务费；他们的工作条件艰苦，但他们爱岗敬业，从他们身上体现出品德之高尚，师德之光辉令人动容。课题组一行既有博士毕业的年轻教师，也有正在读书的本科、硕士学生们，他们深深地受到了座谈、访谈教师们精神的鞭策与鼓舞。课题组秉承一线体育教师们的谆谆嘱托，收集真实数据，如实写出访谈内容，持续研究新疆青少年身心发展问题。同时与新疆师大附中、乌鲁木齐市第七中学、新疆建设兵团第二中学等五所中学；哈密市第二小学，哈密市巴里坤县小学，哈密兵团农十三师红星二场学校等三所小学达成学生身心素质研究的合作协议。

本研究采用文献资料法、问卷调查法发放教师问卷和学生心理问卷，访谈法包括组织召开座谈会和一对一深度访谈，测试法测试指标依据 2014 年《国家学生体质健康标准》，数理统计法运用 Spss19. 0 对所得数据进行平均数、标准差、ANOVA 分析和独立样本 T 检验分析等。本专著以六个调查报告的形式揭示新疆青少年身心发展的状况，分别为新疆青少年身心发展态势及多视角分析、新疆青少年体育行为与身心健康状况调查——基于体育教师的调查、聚焦新疆青少年身心发展之一线体育教师访谈实录、乌鲁木齐市中学生体育学习兴趣与心理健康的现状与关系研究、2014 年、2015 年乌鲁木齐市三所中学学生身体素质比较研究、2014 年、2015 年哈密市三所小学学生身体素质比较研究。本研究的科研团队成员为董文梅（中央民族大学教授，博士，研究方向为体育课程与教学、体质健康）、张涛（中央民族大学教授，体育学院院长，研究方向为体育教育训练学）、阿布拉·玉素甫（新疆师范大学教授，博士，研究方向为体育课程与教学）、马强（中央民族大学讲师，博士，研究方向为心理学）、陈庆果（四川师范大学副教授，博士，研究方向为体育统计与测量）、王辉（新疆师范大学讲师，硕士，研究方向为体育教育训练学）、万茹（河南大学副教授，博士，研究方向为体育课程与教学）、薛宇（西北大学副教授，博士，研究方向为民族传统体育)。这些青年学者们参与了整个课题的研究并撰写了研究报告。课题组的成员还有亚森江·阿布都外力(新疆师范大学副教授,硕士)、穆萨江(新疆师范大学讲师,硕士)参与了座谈会的组织、数据收集和维吾尔语翻译的工作。漆芳(哈密市第二小学教师)、梁国(乌鲁木齐市第七中学教师)、肉孜·阿布拉提(博尔塔拉蒙古自治州精河县第二小学教师)参与身体素质测试、数据收集和心理问卷的发放工作。赵海健(硕士,中央民族大学研究生)、黄晓玉(硕士,中央民族大学研究生)、刘鑫磊(中央民族大学本科生)、王磊(中央民族大学研究生)、范美玲(中央民族大学本科生)参与了到新疆的调研工作、数据录入、摄影和摄像等工作。唐华峰、武雪瑞、王雪艳(三人均为中央民族大学研究生)参加了访谈录音的文字整理工作等。课题组立足于获取一线教学真实数据,聆听体育教师们的心声,为合作学校提供学生身心发展报告并提出体育教学质量改革的建议,为相关部门进一步深入了解学生体质健康状况并及时制定相关政策提供依据。该项研究同时得到了调研对象和单位——新疆体育教师们和学校的大力支持和认可。

本课题尚属初步探索阶段,仍有许多不足之处,请广大读者批评、指正。

董文梅

2016年10月25日于盖恩斯维尔

目 录

阿不拉·玉素甫，新疆师范大学体育学院副院长，博士，
研究方向为体育课程与教学

王辉，新疆师范大学体育学院讲师、硕士，研究方向为体育教育训练学

研究报告一：新疆青少年身心发展态势及多视角分析

王　辉　阿不拉·玉素甫

（新疆师范大学，乌鲁木齐，830054）

本研究报告主要通过文献资料、实地调研、逻辑分析等方法，结合研究的背景，从新疆典型民族青少年身心发展的现状出发，对比分析新疆典型民族青少年身心的发展，结合教育、民族文化、历史文化、地理环境、经济发展等影响因素，对新疆青少年身心发展展开多视角探讨。

一、研究背景

（一）地域背景

新疆维吾尔自治区位于亚欧大陆中心，中国西北边陲，是古代丝绸之路的要冲。东北、北部、西部分别与蒙古国、俄罗斯、哈萨克斯坦、吉尔吉斯斯坦、塔吉克斯坦、阿富汗、巴基斯坦、印度 8 个国家接壤，陆地边境长达 5700 千米；国内与甘肃、青海、西藏为邻，面积 166.04 万平方千米，约占全国面积的 1/6。新疆是中国五个民族自治区之一。截至2014年年底，新疆有3个直辖市（地段市2个）、8个地区、5个民族自治州、9个地辖市、7个州辖市、62个县、6个自治县、11个市辖区。新疆是个多民族聚居的地区，全国56个民族有53个民族在新疆生活。据统计，截止到2013年年末，新疆人口为2013.12万，其中少数民族人口1176.18万。少数民族以维吾尔族为主，达924.57万人，人数最多。此外还有汉族、哈萨克族、回族、蒙古族、柯尔克孜族、锡伯族、塔吉克族、乌孜别克族、满族、达斡尔族、塔塔尔族、俄罗斯族[1-3]。

（二）环境背景

在全球竞争环境中，青少年的体质健康是教育的重要组成部分之一。我国青少年体质健康状况不容乐观已经是不争的事实。近年监测显示，我国青少年体质健康状况连年下滑，引起了全社会的高度关注[4]。增强青少年体质，促进青少年健康成长，是关系国家和民族未来的大事。进一步加强青少年体育，增强青少年体质健康，既是一项长远的战略目标，又是一项紧迫的现实任务。当前，青少年体质健康不乐观的境况已经与我国教育和社会发展不相适应。我们应将青少年体质健康问题置于我国社会发展的大环境中加以全方位的审视，分析客观成因，探索应对之策。应当明确的是，青少年体质健康问题从来不是也不可能仅仅是学校体育一个方面的问题，而是一个涉及学校、家庭和社会多方面的综合性社会问题。因此，青少年体质健康问题的解决也势必需要全社会的共同关注和参与，从不同的社会领域、视角和层面协调一致，针对薄弱环节，采取切实措施，努力开创新时期青少年体质健康工作的新局面。我国当前经济与社会迅速发展为青少年体质健康问题的解决提供了良好的环境和条件，解决这一难题面临着前所未有的良好历史契机。从某种意义上说，这已经不仅仅是解决青少年体质健康问题的本身意义所在，也是当代中国教育和社会发展理应肩负的历史责任，更是增强全民族体质，实现中华民族伟大复兴的基础和希望所在。

二、新疆少数民族青少年身心发展现状

（一）新疆维吾尔族青少年体质状况分析

随着经济的发展，少数民族生活水平不断提高，维吾尔族青少年的营养水平也在不断提高，加上近年来医疗条件的不断改善，均对青少年的生长发育起到了积极促进作用。从年龄结构上分析，13—18 岁青少年正处于青春发育期的中学阶段，课业负担远远重于小学，从而致使学生大部分时间用于文化课的学习上，参加体育锻炼的时间减少，加之体育锻炼意识和习惯的缺乏，在一定程度上影响着青春发育期年龄段青少年的生长发育[4-12]。从维吾尔族青少年生活的地区经济生活水平来看，其发展水平低于全国平均水平，城乡经济发展差异明显，这一因素也不同程度地影响着维吾尔族青少年的生长发育。身体机能作为青少年生长发育的一类评价体系，是一个从量变到质变的复杂过程，是社会环境、生活环境、生活方式、经济状况、遗传疾病、体育锻炼等多种因素综合影响的结果。维吾尔族 7—18 岁青少年身体机能指标存在着明显的城乡差异现象，对这一现象单一从城乡差异角度分析其力度是不够的，其差异的原因是由维吾尔族学生生活环境、生活方式、经济状况、社会环境、体育锻炼、遗传等几种因素的综合影响造成的。维吾尔族 7—18 岁青少年正处于生长发育的关键时期，这一时期的体质状况将是成年健康的基础，该年龄段的体质健康状况将直接影响着成年后的身体素

质。体育教学作为全面素质教育中的一个重要组成部分，在学生一生发展中起着举足轻重的作用。因此，应改善学校体育教育的指导方针，坚持健康第一、终身体育的指导思想，以促进学生的体质发展。

（二）新疆锡伯族青少年体质状况分析

新疆锡伯族7—18岁青少年身体形态发育过程符合人体生长发育规律，随着年龄的增长，男、女生身高、体重、胸围、腰围、臀围总体均呈现不断增长的趋势[13-15]。（1）在身体形态方面，女生的生长发育高峰期要比男生提前，男生的增长幅度和增长水平高于女生，而与2014年全国汉族学生身体形态指标比较，新疆锡伯族7—18岁男生与相应年龄阶段的汉族男生在身高、体重、胸围、BMI指数、QI指数指标上比较接近，女生在身高、体重、胸围、BMI指数、QI指数方面总体上高于汉族女生水平，新疆锡伯族7—18岁青少年身体机能发育过程符合人体生长发育规律，7—18岁期间，随着年龄的增长，男、女生肺活量、肺活量体重指数总体均呈现不断增长的趋势。新疆锡伯族7—18岁青少年男女生肺活量和肺活量体重指数总体上均高于全国相应年龄阶段的汉族男生，除个别年龄组外，大部分年龄组差异均具有显著性；（2）在身体素质方面，男生在速度、力量、耐力和柔韧性等各项身体素质的增长幅度大于女生，女生速度素质在12岁后出现下降趋势。新疆锡伯族7—18岁学生上肢力量与全国相应年龄阶段的汉族学生较为接近，下肢力量弱于汉族学生，柔韧素质、耐力素质整体上强于汉族学生，速度素质男生整体上强于汉族学生，女生12岁以前强于汉族学生，12岁后弱于汉族学生。

（三）新疆塔吉克族青少年体质状况分析

新疆塔吉克族居住地比较偏远，多以山区为主，地理环境对青少年体质状况的影响起主导作用[13-16]。（1）从身体形态方面来分析，新疆塔吉克族7—18岁青少年无论从身高、体重还是胸围、腰围或臀围来看，均低于同年龄段汉族城乡青少年，尤以男子差距较大；从三项派生指标来看，塔吉克族7—18岁青少年男子14岁后体型充实度逐渐大起来，14—16岁显得瘦长，16—17岁后有所转变，属于过轻体重范畴，显示出整体偏瘦的身体形态。女生14—15岁显得较胖一些，15—16岁则停留在一个相对稳定的水平，16—17岁又向相对瘦长型发展，基本属于标准体重范畴。整体来讲，相对于汉族同年龄段青少年，新疆塔吉克族7—18岁青少年的体型具有矮、瘦、小的特征，这一点符合高原民族的形态特征。值得注意的是，无论男女，其身体充实度都较大，因此又具有瘦小精悍的民族身体形态特征。（2）从身体机能方面来分析，新疆塔吉克族7—18岁青少年男女的肺活量均低于同年龄段汉族青少年数值，且18岁的肺活量测值远低于正常成年男子的平均值，男女肺活量整体偏低，男子更为显著。这与传统意义上认为的高原民族的肺活量应高于平原民族相悖，显示出以肺活量为代表的身体机能呈下降趋势。从身体素质方面来分析，新疆塔吉克族7—18岁青少年，男女50米跑、立定跳远成绩均呈上升趋势，但均低于城乡同年龄段汉族城乡男女生成绩。

三、新疆少数民族青少年身心发展对比分析

（一）新疆维吾尔族城乡青少年身心发展对比分析

新疆是维吾尔自治区，维吾尔族人口占据绝大部分，对比分析

7—18 岁维吾尔族城乡青少年的生长发育水平有一定幅度的提高[13-15]，调查结果显示：维吾尔族男生 7—18 岁身高、体重和胸围平均增加值分别为 2.85cm、2.11kg 和 1.86cm；维吾尔族女生 7—18 岁身高、体重和胸围平均增加值分别为 1.86cm、1.61kg 和 1.31cm。城市和乡村之间存在差异，总体水平城市维吾尔族男女生身体形态指标高于乡村男女生；通过学生营养状况的分析发现，城市维吾尔族男生形态发育水平除了 7 岁和 18 岁外，其他年龄组好于同年龄组的乡村男生；城市维吾尔族女生形态发育水平除了 7 岁和 16—18 岁组外，其他年龄组好于同年龄组的乡村女生。

（二）维吾尔族与哈萨克族青少年体质状况对比分析

新疆维吾尔族与哈萨克族学生体质都存在城、乡间的差别，同一年龄组城市学生体质指标除肺活量、握力两指标外，其余指标均是城市学生高于乡村学生，城市学生体质好于乡村学生[13-16]。维吾尔族与哈萨克族社会适应能力的变化和年龄的变化不相关，哈萨克族城乡男学生在社会适应能力上有差异，城市学生高于乡村学生，维吾尔族学生差异不明显。两民族城乡女学生有差异，均是城市学生高于乡村女学生。男、女生有明显的差异，女生要高于男生。自然适应能力两民族有差异，城、乡男女生均是乡村学生自然适应能力高于城市学生。男女生间也有差异，男生普遍要优于女生。在抗病适应能力上城乡差异性不显著，男女学生有低相关，男生在抗病适应能力上要略强于女生。以城、乡分组的学生适应能力比较得出维吾尔族与哈萨克族都是：在社会适应能力上城市学生优于乡村学生；在自然适应能力上乡村学生要高于城市学生；而在抗病能力上两民族城乡之间都没有差异。维吾尔族学生在社会适应能力上要优于哈萨克族学生；在自然适应能力上哈萨克族学生好于维吾尔族学生；抗病能力上两民族没有差异。从身体形态指标身高、体重与社会、自然、抗病适应能力的相关分析可以得出，身体形态与适应能力不存在相关性。身体机能指标肺活量、血压与社会、自然、抗病能力的相关分析得出，肺活量、血压与社会适应能力不存在相关性，但和自然环境适应能力、抗病适应能力存在相关性。身体素质指标与适应能力的关系，从立定跳远、坐位体前屈、握力素质指标均与社会适应能力不存在相关性，立定跳远和坐位体前屈都与自然环境适应能力存在相关性。坐位体前屈、握力和抗病适应能力存在一定的相关性。体质均分与人体适应能力总分存在低相关，呈显著性。这从侧面反映了适应能力与现行体质测量指标不存在多重共线性关系。体质均分与自然均分、抗病均分相比而言就更加密切得多，且相关性非常显著，而与社会分项的相关性最小，这意味着社会环境适应能力的高低不会在很大程度上影响人体体质水平。

（三）新疆哈萨克族与柯尔克孜族青少年体质状况对比分析

新疆哈萨克族与柯尔克孜族青少年 1985—2013 年间[13-16]体质的发展有着不同程度的变化，同时也具有代表性，主要表现在：(1) 身体形态指标总体上呈现增长趋势，身高总体上保持增长趋势，在增长幅度上基本上呈现出，哈萨克族身高增长幅度最大的时期是后 10 年而柯尔克孜族身高增长幅度最大的是前 10 年。柯尔克孜族男女生身高虽然都有所增长，但是原先一直处在较低的水平基础上。体重总体上保持增长，两民族增长幅度最大的是后 10 年，近 5 年增幅减小，呈现出先慢后快近缓的特点。胸围总体上呈现出增长，哈萨克族增长幅度最大的是前 10 年，柯尔克孜族增长幅度最大的是后 10 年，但近 5 年有所下降；(2) 身体机能指标总体上呈现下降趋势，近5年出现上升拐点。前20年两民族男女生肺活量指标均出现了下降趋势，下降幅度最大的是后10年，近5年下降趋势得到遏制，肺活量指标出现了上升；（3）身体素质指标总体上呈现出速度素质、耐力素质下降，爆发力素质增长的特点。哈萨克族男女生速度素质前10年成绩有所提高，后10年大部分年龄组出现了下降，近5年男生有所上升，女生成绩继续下降，但降幅减小。柯尔克孜族速度素质呈现出先增快后减慢近增快的特点。两民族爆发力素质前10年表现为增长，后10年出现下降，近5年总体上有所提高。哈萨克族耐力素质特征表现为前10年增长，后10年下降，近5年下降幅度减缓，柯尔克孜族呈现出先增快后减慢近增快的特点。由此得出，前20年（1985—2005）哈萨克族、柯尔克孜族中小学生身体机能和后20年（1995—2015）身体素质的下降主要是由于学生营养搭配不合理、学校重智育轻体育的意识还很突出、体育教师队伍专业素质不高、缺乏体育锻炼意识、学生课业负担较重、现代网络信息的发展以及生活方式的改变等。

（四）新疆维吾尔族与汉族青少年体质状况对比分析

新疆维吾尔族、汉族中小学生1985—2013年的28年间[13-16]，体质状况发展情况不一。（1）在身体形态方面，观察身体形态指标总体来看均有不同程度的增长，增长水平表现出明显的长期趋势。但前10年（1985—1995年）和后10年（1995—2005年）及近8年（2005—2013年）相比较，形态指标的增长值和增长速度呈现不同的特点，具体表现为身高“前快后慢近缓”，体重“前慢后快近缓”的特点。28年间形态指标的增长值已远远超过了“每10年增长1.1厘米”，尤其是身高和体重的变化表明其生长水平仍处于持续增长阶段。维吾尔族中小学生的形态指标略低于汉族。维吾尔族、汉族中小学生身体形态的改善主要是由于新疆经济的不断发展带来的人们生活水平的提高，学生营养的改善以及教育水平的提高所致。前20年（1985—2005年）维吾尔族、汉族中小学生身体机能和身体素质的下降主要与学校体育教师队伍不强、缺乏体育锻炼、学生课业负担较重、学生饮食搭配不合理、现代网络信息的发展和家长过分的溺爱及生活方式的改变等有直接关系；（2）在身体机能方面，新疆维吾尔族、汉族中小学生的身体机能指标表现出较大的起伏。前10年和后10年肺活量指标表现出“前慢后快”的下降趋势。2005年维吾尔族、汉族中学生的肺活量指标达到25年来的最低值，近5年随着国家各项干预措施的出台机能指标逐步出现了回升的趋势；（3）在身体素质方面，身体素质在1985—2005年的20年间维吾尔族、汉族中小学生的下肢爆发力、耐力、柔韧素质均在不断地下降，其中中小学生的耐力素质下降幅度最大。后10年身体素质指标的下降幅度明显大于前10年，即表现出“前慢后快”的趋势特点。近5年来看维吾尔族中小学生的身体素质继续呈现缓慢下降，但下降的幅度明显减小；汉族学生的身体素质下滑趋势开始得到遏制，其中反映爆发力素质的立定跳远成绩略有提高，耐力素质出现了“止跌”的情况，与2005年基本持平。但值得关注的是反映柔韧素质的坐位体前屈指标维吾尔族、汉族学生近5年来依然在下降，这可能与近年来一些中小学校为了安全起见取消了一些体操项目有关。相关研究结果表明：1995—2013年的18年间，维吾尔族、汉族城乡男女学生的身高发育状况良好，总体呈现出长期增长的趋势。身高的城乡差异仍然存在，城市学生的身高发育水平明显高于乡村学生。维吾尔族城乡男女的身高增长幅度不显著，汉族城乡男女的身高增长幅度较显著，18岁汉族男生的平均身高在2020年将突破174厘米，同年龄段维吾尔族男生的平均身高2020年将达到

170.48 厘米，维吾尔族 18 岁女生 2020 年身高的平均值将达到 159.15 厘米，而汉族同年龄段的城市女生 2020 年身高将突破 160 厘米，达到 162.24 厘米。从体重指标来看，男生平均体重的增长速度明显大于女生，城市男女生体重的增幅高于乡村男女生，维吾尔族城乡男女生体重的增长幅度不显著，汉族城乡男女生的增长幅度比较显著，尤其是汉族城乡男生的体重在 2020 年将突破 66 千克。随着国家各项干预措施的出台，学生营养的改善以及教育水平的提高，维吾尔族、汉族两个民族青少年的体重在未来的一段时间将有明显的增长趋势。到目前为止，该人群尚未形成超重、肥胖的高危群体，但是教育工作者和家长们要注意孩子的均衡增长和膳食的平衡，不要让孩子们体重增长过快，从而培养出一批小胖子。从胸围指标来看，与身高和体重不同。汉族男生的胸围表现出来的是“城市大于乡村”，汉族城市女生和汉族乡村女生的胸围基本保持一致，差别不大；维吾尔族的城乡男生则比较复杂，7—13 岁各个年龄段城市男生的胸围均低于乡村男生，14—18 岁各个年龄段城市男生的胸围则高于乡村男生；维吾尔族女生的胸围也表现出“城市大于乡村”。维吾尔族、汉族两个民族城乡青少年的胸围增幅较为稳定，甚至还有负增长的出现。

四、影响新疆青少年身心发展的多视角分析

（一）教育对新疆青少年身心发展的影响

随着我国社会的发展，新兴行业、新兴技术不断增加，对人才需求的广泛性也在增加，同时人们对获取高质量教育的需求不断增加，使得应试教育的弊端进一步加剧。家长、学校更关心的是学生

“初中毕业上重点中学，高中毕业考上名牌大学”的问题，对学生的“应试”能力的提高注入了更多的热情，造成学生课业负担过重，即使是在周末许多学生参与锻炼的时间依然很少，相关调查结果显示仅有22.1%的维吾尔族学生和23.4%的汉族学生周末是以参加户外活动为主；比例相对较大的依然是以学习为主，维吾尔族、汉族学生分别占到了27.7%和30.7%。另外，一些学校片面追求升学率，随便挤占学生的体育课和课外体育活动的时间。分别对哈萨克族、柯尔克孜族两民族所在学校挤占体育课情况、上体育课的情况、每天课间操的频率情况进行的调查显示，哈萨克族、柯尔克孜族两民族中小学校经常挤占或被挤占的占15.5%和12.9%，偶尔被挤占的占31.3%和33.4%。这说明我们的应试教育模式使学校将文化课作为教学主体，不断压缩学生体育课的时间。在体育课的学生锻炼程度上，学生主观感觉不出汗、很轻松的占37.7%和31.4%，课间操频率大都保持在1—2次之间，两民族各有5%左右的学校甚至没有进行课间活动。当前学校体育工作存在的主要问题是：（1）新疆各地区中有些地州属于偏远农牧区，由于场地不足，资金短缺，制约着学校体育工作的顺利开展；（2）我国目前的应试制度决定着片面追求升学率的现象还没有消除，同时重智育轻体育的意识还很突出，这些学校随意更改教学计划，有的缩减体育教学课时，有的课程表上安排的体育课时得不到保证，只是应付课程检查，从而经常被挪作他用，特别是将体育课用于补上语文、数学、英语这些主科课程；（3）体育器材管理不善，一些学校常用的体育器材残缺不全，球场跑道坑坑洼洼长年失修，仅有的器械长期束之高阁，闲置不用，造成散失或破损；（4）体育教师队伍的专业素质不高。近几年来，我国青年体育教师逐年增加，但是在思想教育、专业技能上缺乏培训，教师的思想道德和业务素质还不能达到教学的要求。

（二）民族文化对新疆青少年身心发展的影响

新疆是一个多民族地区，具有浓厚的民族色彩，各民族文化更是根深蒂固，大部分民族的生活习惯还沿袭着原有风貌，早餐主要以吃馕、喝茶为主，平均膳食热能和营养摄入量中，除蛋白质、维生素 E、磷外，偏远地区青少年的热能和其余营养素摄入量均不足，特别是钙的摄入量严重不足，在三大物质的供能比较中，脂肪供能比偏高，学生的早餐热能普遍偏低，晚餐热能偏高。比如，蒙古族是一个历史悠久而又富于传奇色彩的民族。千百年来蒙古族过着“逐水草而迁徙”的游牧生活。世界上大部分的草原都留下了蒙古族牧民的足迹，因而蒙古族又被誉为“草原骄子”，在一定的自然地理、经济和社会条件下形成了独特的宗教信仰、图腾文化、饮食文化、节庆文化、礼仪文化、娱乐游戏文化等。在牧区牧民一般不食蔬菜，以食牛羊肉和奶制品为主，辅以粮食、蔬菜，普遍嗜饮砖茶，从单一的饮食结构来说，牧区属高脂肪、高蛋白饮食区。众所周知牛羊肉、奶制品的热量很高，具有较高的营养价值，这对于处在生长发育期的蒙古族学生来说，无疑是能量供给的最佳保障。但是否吃早餐及早餐的质量不仅会影响上午的学习效率，而且可能对一些慢性疾病的发生有重要影响。在对蒙古族青少年学生的调查中发现，有 35% 左右的学生不能做到每天早上都吃早餐，有的学生几乎从不吃早餐。不吃早餐不仅影响到自己的学习而且影响到身体的生长发育。

蒙古民族一向以能歌善舞著称，每当宴会节庆常常传唱古老的民歌及其民间传说的故事，唱颂草原的富饶美丽和对未来美好生活的憧憬。蒙古族舞蹈久负盛名，节奏欢快，舞步轻盈，民间舞蹈最具特色，深受各族人民的喜爱。蒙古族的传统娱乐活动有赛马、摔跤、射箭等。那达慕是蒙古族人民喜爱的盛大的体育节日，是蒙古民族传统的文体娱乐活动形式，是蒙古民族在每年水草丰美牛羊肥壮的季节里聚集在一起通过赛马、摔跤、射箭等传统文体活动，欢庆丰收表达喜悦心情的一种娱乐方式，有着鲜明的民族特色和浓郁的地域特点，因此生活在这种环境中的蒙古族青少年从小就能歌善舞，习得本民族传统的体育活动方式，这对他们的生长发育具有一定的促进作用，同时能够起到传承民族文化的作用。

（三）历史文化对新疆青少年身心发展的影响

新疆多民族地区，历史文化悠久，伊犁地区是典型的游牧区，位于亚洲大陆腹地，年降水量在200毫米—300毫米左右，年平均气温较低。例如，哈萨克族的宗教信仰主要是原始信仰和伊斯兰教，柯尔克孜族与吉尔吉斯斯坦境内的吉尔吉斯族是同一个民族，属于汉语的同名异译。该民族主要分布于中亚，为吉尔吉斯斯坦的主体民族，多数人信仰伊斯兰教。该民族主要分布于新疆西部的克孜勒苏柯尔克孜自治州，此地区位于新疆西部，地跨天山山脉西南部、帕米尔高原东部、昆仑山北坡和塔里木盆地西北缘。新疆当地人将这一地区阐述为一个以农牧业为主的“人口小州、经济穷州、边防大州、战略重州、希望之州”，大部分柯尔克孜族人信奉伊斯兰教，两民族在宗教信仰、生活环境上有一定相似性，但是两民族在遗传性状上有一定差异性。相关学者研究发现，我国北方学生身高较高体重较大，这主要是因为我国地域辽阔，各地区自然环境存在很大的差异。根据林琬生等研究报道，生长发育水平与年日照时数、地球纬度、气温年较差呈显著正相关（$r = 0.62 - 0.67$，$p < 0.01$），与平均降水量、年平均气温、平均相对湿度呈显著性负相关（$r = -0.42 - 0.53$，$p < 0.05$），这也是造成青少年生长发育变化的重

要因素。但是生长长期趋势是某一生物特征伴随年代变化的发展趋势，所以后天自然环境因素对于影响生活在同一地区青少年生长长期趋势则显得证据相对不足。由此可见，青少年生长长期趋势的表现主要是由后天人文环境的改善以及与自然环境之间交互作用的共同结果。再如，喀什地处新疆西南部，是新疆典型的民族偏远地区，长期受到自然、历史、社会文化因素的影响，喀什地区的整体社会经济发展水平参差不齐，城乡差距比较大，人们的生活水平差距较大，这就直接拉大了城乡青少年营养状况的差距；近几年，受境外三股势力的影响，人们生活的安全感受到影响，部分学生提前辍学，甚至很难正常地完成义务教育，这对青少年心理上造成了一种潜在的影响与压力，如当地政府和学校不能找到预防与根治的对策，将会影响青少年的健康成长。

（四）地理环境对新疆青少年身心发展的影响

地理生态环境、经济发展水平和社会人文状况等是除遗传之外影响体质的主要因素。例如，塔什库尔干塔吉克自治县位于帕米尔高原东部，喀喇昆仑山北部，平均海拔在4000米以上。昆仑山、喀喇昆仑山、兴都库什山和天山四大山脉在此处汇合形成“世界屋脊”，年平均气温 3.3℃，极端最高气温 32.0℃，极端最低气温 -39.1℃。这种特殊的地理生态环境和生活条件使得当地交通很不便捷，物资匮乏，许多孩子的生活水平低下，卫生习惯不良，他们为了求学和生活，常年徒步奔走于学校、家庭和田野，从而形成了新疆少数民族青少年特殊的体质，学生生长发育方面呈现出弱势，速度素质和腿部的爆发力方面体现出优势。如今定义的社会环境包含到了政治、经济、文化等各个领域。社会环境中的生活习惯、风俗习惯、受教育水平等也在不同程度地影响着人们的体质状况。生活环境包括学校、社区周围的体育锻炼设施、场地，生活习惯等也是影响体质的一大因素。由此可见，生长长期趋势的出现往往与遗传、自然环境、社会人文环境等有密切关系，并且伴随着社会经济条件的发展，社会人文环境对青少年的影响不断增强。自然环境因素则是影响遗传潜力发挥的主要因子，自然环境中的气候、温度、湿度、海拔高低等都会影响青少年的体质健康状况。

（五）经济对新疆青少年身心发展的影响

首先，随着西部大开发建设的不断推进，新疆的经济发展水平得到了快速的提高，城乡居民的收入在不断增加。经济发展水平的提高使得人们的生活水平不断得到改善，营养膳食、食品卫生、生活环境也有了很大的变化[18-19]。胡立军在《体育科学》期刊上发表的“社会经济发展与国民体质关系的研究”一文中指出，人体身高、体重的形态因子与 GDP 水平、生活质量呈现显著的正相关关系。国外学者研究发现，新入伍的士兵身高与人均年收入水平存在一定的相关关系，表明生活经济条件的改善对身体生长的长期趋势具有很大的影响。上海体质调研组的研究发现，身高和体重的发育指数与人均收入及副食品零售指数增长趋势相一致。生活水平的不断提高，人们每天都会吃到鸡蛋、肉类、奶制品等，致使人们每天摄入较多的蛋白质和脂肪，另外现代学生喜欢吃一些油炸食品如肯德基、麦当劳、必胜客等快餐以及新疆青少年喜欢吃的烤肉、烤包子等食物，这些食品都含有很高的热量。另外，新疆近年来每年投入 1.56 亿元开展的学生饮用奶计划以及将要开展的营养午餐计划等，对进一步提高学生的生长发育水平起到积极的推动作用[17-19]。从另一个角度来看，推行的各项营养计划多数是在省会城市试点开展，以至于本来生活条件较好的青少年的营养又上了一个台阶，从而引发了更多的肥胖人群，给社会、家长和学校带来了一定的负担，这一点应引起有关教育行政部门和家长的重视，切实把提高学生的健康水平放在首位。

其次，近年来学生体重的不断增加与全社会营养科学知识的宣传和普及相对滞后、人们普遍缺乏营养科学知识以及生活水平提高后对热量、脂肪等摄入过多、食物结构的不尽合理有直接关系。加之伴随生活现代化而产生的“肥胖易感环境”，以膳食制度不合理、体力活动不足、“以静代动”的生活方式为先导，更加促进了肥胖的产生。经济的发展使得现在很多学生上学不再是步行或骑自行车，取而代之的是电动车、公共汽车、私家车。另外随着现代化进程的不断加快，人们上楼乘电梯、工作办公自动化、家务社会化、生活电气化等诸如此类情况使得学生在无形中就减少了参加体育锻炼的机会和时间，这些或多或少的都会影响学生的体质发展。例如，2012 年 1 月 16 日，中国互联网络信息中心（CNNIC）发布《第 29 次中国互联网络发展状况统计报告》显示，截至 2011 年 12 月底，中国网民规模达 5.13 亿，全年新增网民 5580 万，互联网普及率较 2010 年提升 4 个百分点，达到 38.3%。上网占据了学生的课余时间，导致参加体育锻炼时间的减少。维吾尔族和汉族学生的身体素质下降的直接原因主要是因为经济发展水平的提高、生活方式的改变导致学生体育锻炼不足造成的，相关调研结果显示维吾尔族有 26.2% 的中小学生每天锻炼的时间不足 30 分钟，汉族更高为 39.1%；维吾尔族、汉族多数学生每天锻炼的时间在 30 分钟到 1 小时之间，分别占到了 49.4% 和 51.2%；每天锻炼时间在 1 小时以上的学生中维吾尔族所占的比例高于汉族学生，造成这一现象的原因可能与汉族学生的学习压力高于少数民族学生有一定的关系。

再次，社会经济发展水平不平衡、生态环境恶化、不便的交通、短缺的资源制约了新疆各地州的经济发展，影响了整体的生活水平。相关调查显示，有的学生要帮助家里干农活，以解决温饱问题，这种生存现状易导致他们营养不良，影响身体的生长发育。另外新疆一些地方和学校，在引导学生积极参加体育锻炼的过程中，还存在许多不足和误区。例如，没有把学校体育工作作为素质教育的重要内容认真对待和统筹安排，对学校体育投入严重不足，致使学校场地器材短缺，不能满足体育教学和课外体育活动的需要，加之因体育安全问题的制约，以及在学校体育教学内容和方法的改革中存在一些误区，即过分强调重视学生在参加体育锻炼过程中的情感体验，而忽略了对学生吃苦耐劳意志品质的培养，致使一些学生感觉比较枯燥，对促进学生耐力、心肺功能发展有着积极作用的体育锻炼项目被取消，甚至出现了学生不愿意参加的项目及危险性大的体育项目在体育课中不安排等现象。例如，在塔什库尔干塔吉克自治县，场地器材奇缺，绝大多数的体育教师是由其他课程的老师兼职的，由于师资力量的缺乏，体育课在塔什库尔干塔吉克自治县的许多小学里，就是“放羊”课、玩耍课，或者被其他主课占用。因此，“缺场地、缺器材、缺教师、缺教材、课时被占、缺管理”是制约我国当前学校体育发展的六大因素，其中，场地、设施、器材的严重不足占据首位，从侧面更加印证了学校体育经济条件、场地设施、师资力量对新疆青少年学生体质的影响。

五、结　语

（1）建议各级相关部门积极关注新疆青少年学生的生长发育状况，积极制定相应政策，采取有效措施，消除不利因素，为少数民族青少年的健康成长全面发展提供有利条件；

（2）利用西部大开发及全国援建新疆的大好机遇，发展少数民族地区的经济，提高民族地区人民的生活水平，改善民族地区学生营养状况；

（3）加强健康生活方式的宣传教育，鼓励多种民族文化习俗的交流和渗透，发扬健康向上的民族文化和生活习性，摒弃不良生活习惯；

（4）注重对青少年家长的宣传教育，促使少数民族青少年形成良好的饮食、锻炼、娱乐等健康生活方式，以促进学生体质健康水平的提高，从小培养正确的体育观和健康第一的思想观，从根本上改变对体育的认识；

（5）地方政府继续加强农村大众体育设施的建设和城市社区体育场馆建设，加强宣传力度，大力开展健康教育，组织开展体育运动，特别要开展适合农村特点的体育锻炼项目，突出个体需求，利用新闻媒体及咨询讲座等多种形式，广泛进行宣传，使新疆不同地域的青少年更好地了解健康的重要性及健身方法和手段，达到提高新疆青少年体质健康的目的。

参考文献

［1］阿力木江·依米提·塔尔肯，马业康，李谦等．7—18岁维吾尔族青少年身体形态分析研究［J］．体育科技，2014（2）：101－103.

［2］中共中央，国务院．关于加强青少年体育，增强青少年体质的意见［N］．中国教育报，2007－05－25（01）．

［3］国家体质健康标准指导委员会．国家学生体质健康标准解读［M］．北京：人民教育出版社，2007：45－50.

［4］武杰．新疆维、哈、蒙、柯、锡、塔、回七个民族成年人体质与健康调研［M］．乌鲁木齐：新疆教育出版社，2004.

［5］刘彦，杨俊敏．新疆锡伯族7—18岁青少年身体形态调查与分析［J］．

河北体育学院学报［J］.2010（5）：73－76.

［6］杨俊敏，毕春剑，苏煜．喀什地区维吾尔族7—18岁青少年身体形态指标分析［J］．中国学校卫生，2010，31（11）：1360－1361.

［7］季成叶，胡佩瑾，何忠虎．中国儿童青少年生长长期趋势及其公共卫生意义［J］．北京大学学报：医学版，2007，39（2）：126－131.

［8］张崇艳．新疆牧区13—17岁蒙古族学生体质状况及其环境影响因素研究［J］．湖北体育科技，2013，32（3）：210－212.

［9］王明霞．新疆农牧区维吾尔、哈萨克族初中生营养与体质发育关系的研究［D］．新疆师范大学，2012，4.

［10］郭德忠．新疆维吾尔族、哈萨克族中学生体质与人体适应能力的研究［D］．新疆师范大学，2011，6.

［11］魏海滨．新疆锡伯族7—18岁学生体质状况调查分析［D］．新疆师范大学硕士毕业论文，2010，6.

［12］武杰．新疆4个民族的学生生长发育的动态观察［J］．体育科学，1998，18（2）：42－45.

［13］苗瑞箐.1985—2010年新疆哈、柯中小学生体质状况动态研究［D］．新疆师范大学硕士毕业论文，2012，6.

［14］毕存箭.1985—2010年新疆维汉中小学生体质状况动态研究［D］．新疆师范大学硕士毕业论文，2012，6.

［15］丁敏．新疆维、汉青少年未来10年生长发育水平灰色预测［D］．新疆师范大学硕士毕业论文，2013，6.

［16］武杰，任相涛，秦天红，等．新疆农牧区维吾尔族13—15岁中学生体质下降现象的运动干预研究［J］．体育科学，2011，31（4）：40－47.

［17］宋逸，季成叶，马军，等．中国7—18岁汉族学生形态发育的横断面调查［J］．中华预防医学杂志，2006，40（2）：105－105.

［18］崔静，倪爱江，王水泉，薛志琴．新疆维、蒙、锡族学生体质发育的比较分析［J］．湛江师范学院学报，2002，23（6）.

［19］于可红，母顺碧．中国儿童、青少年体质测试研究综述［J］．中国体育科技，2001，（11）.

万　茹

河南大学体育学院副教授，博士，研究方向为体育课程与教学

研究报告二：新疆青少年体育行为与身心健康状况调查

——基于体育教师的调查

万 茹

（河南大学体育学院，开封，475004）

一、研究目的

新疆地处中国西北边陲，地域辽阔，自然资源丰富，但由于自然、历史、社会等多方面的因素，新疆地区经济发展相对欠发达，北疆、南疆、各地区基础教育发展很不均衡，少数民族地区教育工作基础脆弱，质量水平偏低，一些“边、穷”地区基础教育发展与发达地区的差距在不断扩大。改革开放以来，新疆维吾尔自治区教育部门一直贯彻落实国家教育改革的方针政策和西部大开发的战略方针，紧紧围绕全面实施科教兴新战略和人才强区战略，加快普及九年义务教育，促进各级各类教育协调发展。

青少年是国家的未来，民族的希望。新疆青少年是新疆未来几十年的人才储备资源，他们的身心健康对新疆未来发展都起着至关重要的作用。本研究的主要目的是通过对体育教师的调查，了解新疆青少年的体育行为与身心健康状况，为新疆学校体育工作提供一定的数据借鉴。

二、研究对象与方法

（一）研究对象

本研究以新疆青少年体育行为与身心健康状况为研究对象。

（二）研究方法

1. 文献法

查阅与新疆历史文化、教育、学校体育、学生体质研究相关的著作、书籍；在期刊网和资料室查阅有关本课题研究的文献资料，为研究报告的撰写提供丰富的参考资料。

2. 调查法

（1）访谈法

在课题研究过程中，笔者通过各种形式走访了有关专家、学者，就新疆中小学校体育诸方面的情况以及与本研究有关的一些问题、观点听取他们的意见和建议。同时，于 2014 年 10 月对新疆师范大学国培班的老师进行了两次座谈，了解新疆中小学生体育行为及身心发展状况。

（2）问卷法

为进一步了解新疆青少年体育行为与身心健康状况，本课题组特制定了《新疆青少年体育行为与身心健康状况调查问卷》，于 2014 年 10 月对参加新疆师范大学国培班的老师们进行问卷调查。共发放问卷 105 份，回收 105 份，有效问卷 100 份。调查对象的具体信息见表1—表8。

表1 体育教师年龄信息一览表（n = 100）

年龄（岁）	20—29	30—39	40—49	50—59	总计
人数（人）	40	41	18	1	100

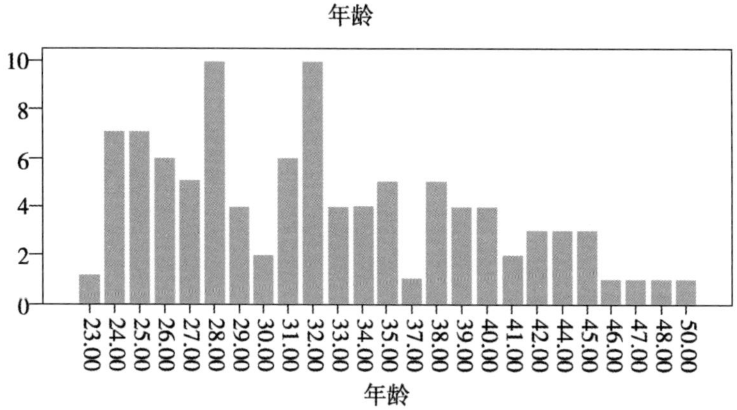

表2 体育教师民族信息一览表（n = 100）

民族	汉族	维吾尔族	哈萨克族	回族	蒙古族	锡伯族	合计
人数（人）	45	42	6	4	2	1	100

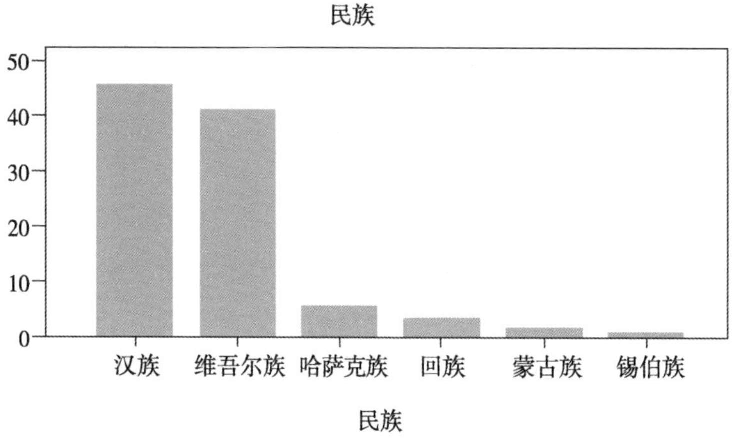

表 3　体育教师性别情况一览表（n = 100）

性别	男	女	合计
人数（人）	83	17	100

表 4　体育教师专职情况一览表（n = 100）

专职	是	否	合计
人数（人）	86	14	100

表 5　体育教师教龄情况一览表（n = 100）

教龄	0—5 年	6—10 年	11—15 年	16—20 年	21—25 年	26—30 年
人数（人）	37	22	16	14	7	4

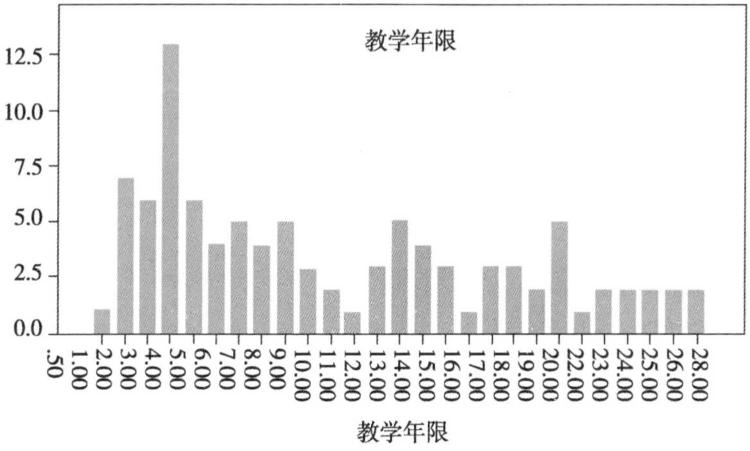

表 6　体育教师学历情况一览表（n = 100）

学历	高中或中专	大专	本科	硕士及以上	合计
人数（人）	0	41	59	0	100

表 7　体育教师所在学校情况一览表（n = 100）

学校	小学	中学	合计
人数（人）	38	62	100

表 8　体育教师每周课时量情况一览表（n = 100）

每周课时量（学时）	0—5	6—10	11—15	16—20	21—25	26—30	合计
人数（人）	2	0	26	56	11	5	100

3. 统计法

使用 SPSS19.0 软件对数据进行统计、分析和整理。

三、研究结果与分析

（一）新疆青少年在校体育行为调查

1. 新疆青少年对体育课的态度

调查发现，新疆青少年对体育课总体表现出较为积极的态度，如表 9 所示：43% 的老师认为学生非常喜欢体育课，49% 的老师认为学生较喜欢体育课，没有老师认为学生不喜欢或非常不喜欢体育课。但是，通过表 10 我们不难看出，学生在上体育课时整体表现情况一般，总体上说明学生们喜欢上体育课。

然而，与学生对体育课态度截然不同的是，教师们对待体育课的态度却较为消极。调查显示，80% 的老师认为自己学校能开足体育课，20% 的老师认为不能开足体育课。同时，在新疆体育课被占用现象也时有发生，如 52% 的老师认为自己学校存在体育课被占用的现象。

表9　新疆青少年体育课态度一览表（n＝100）

体育课态度	非常喜欢	较喜欢	一般	不喜欢	非常不喜欢	合计
人数（人）	43	49	8	0	0	100
比例	43%	49%	8%	0%	0%	100%

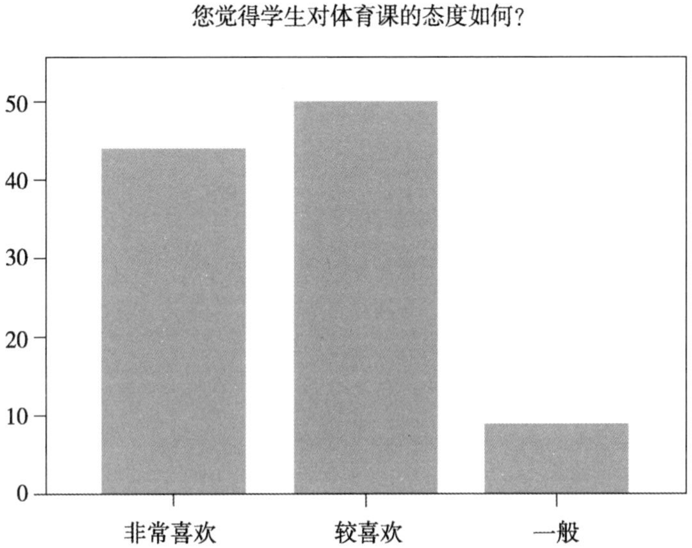

表10　学生在体育课中的整体表现情况一览表（n＝100）

学生在体育课中的整体表现	非常好	较好	一般	较差	合计
人数（人）	17	38	43	2	100
比例	17%	38%	43%	2%	100%

表11　新疆学校体育课开设情况一览表（n＝100）

体育课开设	能开足体育课	不能开足体育课	合计
人数（人）	80	20	100
比例	80%	20%	100%

您所在学校是否能开足体育课?

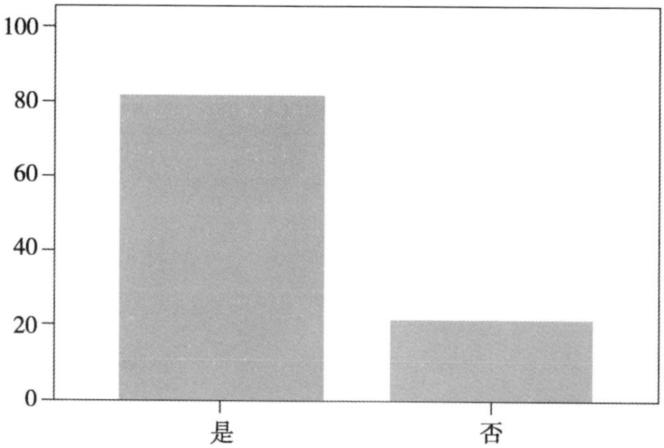

表 12　新疆学校体育课被占用情况一览表（n = 100）

体育课被占用	是	否	合计
人数（人）	52	48	100
比例	52%	48%	100%

您所在学校是否有体育课被占用的现象?

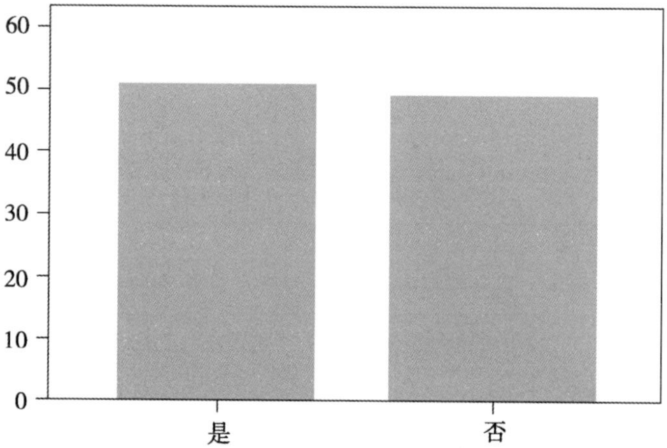

2. 新疆青少年体育课的内容

调查显示，新疆学校体育课开设内容较为丰富，包括体操、田径、球类、武术、冰雪项目、游戏、舞蹈、健身知识、身体素质等内容。其中，田径、球类、体操内容涉及较多。田径项目主要教学内容是走、跑、跳、投、爬，尤以跳、跑、投掷为重点内容。球类项目包含内容很广泛，主要涉及常见的篮球、排球、足球、乒乓球、羽毛球等五种球类项目，其中篮球和足球占学时较多。新疆中小学也较为重视体操教授，体操授课内容包括队列队形、广播操、基本体操、技巧、健美操等。

同时，新疆学校体育课在注重技术学习的同时，也较为重视体育与健康知识的教授。表 17 显示，新疆青少年体育与健康知识教授内容主要包括：科学锻炼知识、体能练习方法、运动安全知识、运动损伤知识等。其中体能练习方法和运动安全知识所占比例较大。

表 13　新疆青少年体育课内容一览表

内容	体操	田径	球类	武术	冰雪项目	游戏	舞蹈
人数（人）	88	97	90	24	2	32	2

表 14　新疆青少年体操教学内容一览表

体操内容	队列队形	广播操	基本体操	技巧	健美操
人数（人）	33	13	8	24	10

表 15　新疆青少年田径教学内容一览表

田径内容	跑	跳	走	投掷	爬
人数（人）	50	94	11	41	17

表 16　新疆青少年球类教学内容一览表

球类内容	篮球	排球	足球	乒乓球	羽毛球
人数（人）	54	42	54	24	19

表 17　新疆青少年体育与健康知识内容一览表

体育与健康知识	科学锻炼知识	体能练习方法	运动安全知识	运动损伤知识	以上均未教授
人数（人）	67	89	86	59	1

3. 新疆青少年在校课外体育活动

在校课外体育活动是保证青少年身心健康的重要途径。调查显示，新疆大部分学校比较重视课外体育活动，如表 18、19 显示，88% 的老师认为自己学校组织课外体育活动，81% 的老师认为所在学校能够保证学生每天一小时体育锻炼。同时，88% 的老师所在学校有大课间，新疆中小学校内体育竞赛种类也比较丰富，大多数是 3—4 种比赛。但是，也有部分学校不组织课外体育活动，不能保证学生每天一小时体育锻炼时间，甚至没有任何校内体育竞赛和大课间。

表 18　新疆青少年在校体育课外活动一览表（n = 100）

是否组织课外体育活动	是	否	合计
人数（人）	88	12	100
比例	88%	12%	100%

表 19　新疆青少年学生校内每天 1 小时体育锻炼一览表（n = 100）

能否保证每天 1 小时体育锻炼	是	否	合计
人数（人）	81	19	100
比例	81%	19%	100%

表 20　新疆中小学每年举行校内体育竞赛数量一览表（n = 100）

每年举行校内体育竞赛数量	0 种	1—2 种	3—4 种	5—6 种	7 种或以上	合计
人数（人）	5	30	48	14	3	100
比例	5%	30%	48%	14%	3%	100%

表 21　新疆中小学体育大课间情况一览表（n = 100）

体育大课间	有大课间	无大课间	合计
人数（人）	88	12	100
比例	88%	12%	100%

（二）新疆青少年身心健康状况调查

1. 新疆青少年身体健康状况调查

调查显示，新疆青少年整体身体素质发展一般，如表 22 所示，仅有 33% 的老师认为目前新疆青少年身体素质发展非常好或较好，45% 的老师认为一般，认为较差或非常差的老师有 22%。同时，目前新疆青少年身体素质发展不均衡，在速度、耐力、力量、柔韧和灵敏方面，耐力素质相对较差。在问及新疆青少年身体素质发展存在的主要问题时，73% 的老师认为身体素质发展整体较差，身体素质不断下降是新疆青少年身体素质发展面临的主要问题，其他还包括身体素质发展不均衡，缺少监督体系等。

表 22　新疆青少年整体身体素质发展状况一览表（n = 100）

学生整体身体素质发展状况	非常好	较好	一般	较差	非常差	合计
人数（人）	13	20	45	19	3	100
比例	13%	20%	45%	19%	3%	100%

表 23　新疆青少年整体身体素质发展均衡状况一览表（n = 100）

学生身体素质发展是否均衡	是	否	合计
人数（人）	19	81	100%
比例	19%	81%	100%

表 24　新疆青少年较差身体素质一览表（n = 100）

较差身体素质	速度	耐力	力量	柔韧	灵敏
人数（人）	39	70	60	39	33
比例	39%	70%	60%	39%	33%
次序	3	1	2	3	4

表 25　新疆青少年身体素质发展主要存在问题一览表（n = 100）

主要问题	身体素质发展不均衡	身体素质不断下降	缺少监督体系	缺乏应对措施
人数（人）	62	73	44	37
比例	62%	73%	44%	37%
次序	2	1	3	4

2. 新疆青少年心理健康状况调查

调查显示，新疆青少年心理素质整体状况一般，仅有 38% 的老师认为青少年心理素质非常好或较好，62% 的老师认为一般或较差。在适应能力、人际交往能力和情绪控制能力方面，新疆青少年人际交往能力的整体发展优于适应能力和情绪控制能力，如 51% 的老师认为新疆青少年人际交往能力非常好或较好，在适应能力和情绪控制能力方面，回答非常好或较好的老师仅有 36% 和 42%。

表 26　新疆青少年心理素质整体状况一览表（n = 100）

心理素质发展情况	非常好	较好	一般	较差	非常差	合计
人数（人）	9	29	52	10	0	100
比例	9%	29%	52%	10%	0	100%

表 27　新疆青少年适应能力一览表（n = 100）

适应能力	非常好	较好	一般	较差	非常差	合计
人数（人）	5	31	56	8	0	100
比例	5%	31%	56%	8%	0%	100%

表 28　新疆青少年人际交往能力一览表（n = 100）

人际交往能力	非常好	较好	一般	较差	非常差	合计
人数（人）	10	41	48	1	0	100
比例	10%	41%	48%	1%	0	100%

表 29　新疆青少年情绪控制能力一览表（n = 100）

情绪控制能力	非常好	较好	一般	较差	非常差	合计
人数（人）	4	38	40	18	0	100
比例	4%	38%	40%	18%	0%	100%

3. 影响新疆青少年身心健康状况的因素调查

调查表明，新疆中小学体育教师认为，影响新疆学生身体素质发展的第一位因素是“家庭教育”，其次是“营养”和“应试教育”。在心理素质影响因素方面，排在第一位的仍旧是“家庭教育”，其次是“学生习惯”和“身体素质”。由此可见，家庭教育在促进学生身心健康发展方面具有非常重要的作用。

同时，在新疆青少年身心健康发展影响因素上，“体育课、课外活动开展”在身体素质影响因素方面占第四位，而心理素质影响方面“身体素质”占第三位，由此可见，体育活动参与对新疆青少年身心健康起着重要作用，调查结果也印证了这一推测，如79%的教师认为体育活动对提高学生心理素质影响“非常大”和“较大”。然而，调查显示：仅有51%的老师认为中小学体育器材能满足学生锻炼需要，50%的老师认为不能满足。同时有55%的老师认为学业压力对学生体育锻炼影响“非常大”或“较大”，另有95%的老师认为将体育列入升学考试能够很好地促进新疆青少年的身心发展。

表30　新疆青少年身体素质发展影响因素一览表（n=100）

影响因素	家庭教育	应试教育	营养	体育政策	体育课、课外活动开展	网络	遗传	风俗	地理环境
人数（人）	74	58	60	51	54	48	28	24	43
次序	1	3	2	5	4	6	8	9	7

表31　新疆青少年心理素质发展影响因素一览表（n=100）

影响因素	家庭教育	应试教育	身体素质	学生习惯	网络	遗传	风俗	地理环境
人数（人）	74	57	61	72	45	30	33	28
次序	1	4	3	2	5	7	6	8

表 32　新疆中小学体育器材情况一览表（n = 100）

体育器材能否满足学生锻炼需要	能满足	不能满足	合计
人数（人）	51	49	100
比例	51%	49%	100%

表 33　新疆青少年学业压力对体育锻炼影响情况一览表（n = 100）

学业压力对体育锻炼影响情况	非常大	较大	一般	较小	非常小	合计
人数（人）	21	34	34	9	2	100
比例	21%	34%	34%	9%	2%	100%

表 34　新疆青少年应试教育对体育锻炼影响情况一览表（n = 100）

应试教育对体育锻炼影响情况	非常大	较大	一般	较小	非常小	合计
人数（人）	21	36	41	2	0	100
比例	21%	36%	41%	2%	0%	100%

表 35　体育活动对提高学生心理素质作用一览表（n = 100）

体育活动对提高学生心理素质的作用	非常大	较大	一般	较小	非常小	合计
人数（人）	48	31	20	1	0	100
比例	48%	31%	20%	1%	0%	100%

表 36　体育列入升学考试对新疆青少年身心发展影响一览表（n = 100）

体育列入升学考试科目是否能促进学生身心发展	是	否	合计
人数（人）	95	5	100
比例	95%	5%	100%

四、研究结论

（1）新疆青少年对待体育课的态度整体上较为积极，但是教师们对待体育课的态度较为消极。

（2）新疆学校体育课开设内容较为丰富，包括体操、田径、球类、武术、冰雪项目、游戏、舞蹈、健身知识、身体素质等内容。其中，田径、球类、体操内容涉及较多。新疆学校体育课在注重技术学习的同时，也较为重视体育与健康知识的教授，内容主要包括：科学锻炼知识、体能练习方法、运动安全知识、运动损伤知识等。其中体能练习方法和运动安全知识所占比例较大。

（3）新疆大部分学校比较重视课外体育活动，但是，也有部分学校不组织课外体育活动，不能保证学生每天一小时体育锻炼时间，甚至没有任何校内体育竞赛和大课间。

（4）新疆青少年整体身体素质发展一般。同时，目前新疆青少年身体素质发展不均衡，在速度、耐力、力量、柔韧和灵敏方面，耐力素质相对较差。身体素质不断下降是新疆青少年身体素质发展面临的主要问题。

（5）新疆青少年心理素质整体状况一般，其中人际交往能力的整体发展优于适应能力和情绪控制能力。

（6）“家庭教育”和“体育活动”对新疆青少年身心健康状况发展起着至关重要的作用。

参考文献

［1］杜卫杰等．新疆经济不同地区汉族中小学生身体素质指标比较．［J］．中国学校卫生 2013. 1.

［2］贾德梅等．新疆青少年心理健康素质现状及特点．［J］中国心理卫生杂

志 . 2011. 1.

［3］赵作荣等 . 新疆汉、维、哈族中小学生应对风格心理健康素质调查研究 .［J］新疆医科大学学报 . 2014. 7.

［4］周慧，雷金宝等 . 中学生心理健康状况调查 .［J］浙江预防医学 . 2014. 12.

乌鲁木齐市第八十小学大课间

乌鲁木齐市第二小学暨实验外国语小学上体育课

课题组拍摄新疆第66中学上课图景

新疆师范大学附属中学的篮球课

乌鲁木齐市第七中学上体育课

薛宇

西北大学副教授

博士

研究方向：民族传统体育

董文梅

中央民族大学教授，博士

研究方向：体育课程与教学，

体质健康

研究报告三：聚焦新疆青少年身心发展之一线体育教师访谈实录

薛　宇　董文梅

（西北大学，西安，710069；中央民族大学，北京，100081）

一、导　言

2014 年 10 月，课题负责人董文梅教授与课题组主要成员万茹博士、薛宇博士、马强博士等赴新疆维吾尔自治区进行了细致而深入的实地调研工作。

在此次调研中，课题组成员心灵触动最大的是与几十位中小学一线体育教师的访谈过程，老师们质朴的情感、热爱体育事业的情怀、吃苦耐劳的工作精神令人感动。在访谈过程中课题组成员听得动容，现场录像的学生流下了热泪，后期录音整理的学生们主动申请为喀什地区最贫困的中小学捐赠物品……这场访谈持续了将近三天，从组织集体座谈到个人深度访谈，贯穿着课题组在新疆维吾尔自治区的每一天。被访谈的几十位一线体育教师分别来自新疆维吾尔自治区不同市、区、县与乡镇，甚至是极为偏远的乡村学校。包括：乌鲁木齐市、哈密市、塔城市、和田市、库尔勒市、喀什市、阿克苏地区拜城县、精河县、塔城地区沙湾县、昌吉回族自治州奇台县、喀什地区巴楚县、吐鲁番地区托克逊县、喀什市麦盖提县、和田市皮山县、昌吉回族自治州吉木萨尔县、伊犁伊衡县、哈密市依吾县等。

在此次访谈中，课题组成员与每一位体育教师深入交流，认真聆听每一位一线中小学体育教师的心声，这不仅是一次全面的深度访谈，更是一次真诚的交心实录，对每位进行访谈工作的课题组成员来说，还是一次震撼心灵的特别旅程。因为每位被访谈的体育教师从访谈刚开始时的腼腆、羞涩、谨慎不言，一直到最后的知无不言、畅言衷谈、深情期望。他们在真诚叙述中透露出的艰辛让每位课题组成员感同身受，他们在工作中的积极奉献与从容乐观让课题组成员感动、震撼。甚至在三天的访谈结束后，个别乡村体育教师还主动联系课题组成员，想要把他知道和了解到的其他相关情况告知课题组，希望通过我们的调查报告，让更多的人了解新疆维吾尔自治区学生体育教学实况与学生体质的真实状况，让有关部门关注新疆青少年的体质健康问题，改善影响新疆青少年体质健康的主要因素，为新疆青少年的健康成长提供帮助。

在与一线体育教师交谈后的每一次课题组内总结会上，课题组成员更加坚信此次调研工作意义重大。大家集中精力，总结很多令人感动的叙述及其被触碰心灵的真实状况下隐藏的深层问题，认真总结访谈中的感触与收获，全面而深入地了解新疆维吾尔自治区中小学体育教学实况、课外活动、学校体育教学条件，包括师资器材、场地设施、地理气候、风俗信仰等，一直谈到学生体质状况及主要影响因素、存在的主要问题及亟待解决的问题等。

此外，课题组成员在本次深度访谈过程中还获得一些与本课题相关的资料，了解到一些其他研究的重要信息，这也为课题组进行后续更加深入研究或进行相关调查收集了大量的第一手资料，为后续进行不同方面的研究奠定了良好的基础。

本课题组希望通过真实的访谈实录分析，让更多的人了解新疆维吾尔自治区青少年的体质状况及体育教学实况，关注新疆青少年的体质健康，探求影响其体质健康状况的主要因素，为改善新疆青少年的体质健康状况提供真实依据与科研支撑，也为提高新疆青少年的体质（身体素质）提供参考。

与此同时，通过调研访谈，我们发现很多问题也是一个深层次的社会问题，有时候一些简单的“体育课内外现象”的确映现的是与其相关的其他社会问题，作为体育研究人员，我们试图从体育的角度解读和研究这些问题，希望这些客观存在的问题得到社会大众的广泛关注。

二、访谈过程与内容

访谈组织形式：座谈会访谈；深度访谈

访谈日期：2014 年 10 月 27 日—2014 年 10 月 29 日

座谈地点：新疆师范大学会议室

深度访谈地点：新疆师范大学培训楼

访谈组人员：董文梅、万茹、薛宇、马强、王辉、阿不拉·玉素甫、穆萨江、刘鑫磊、王磊

访谈对象：新疆维吾尔自治区参加国培班的中小学体育教师

翻译人员：穆萨江

记录摄像人员：范美玲

录音整理人员：王雪艳、武雪瑞、唐华峰

根据课题研究的需要，本次课题组进行座谈会与深度采访的对

象主要在新疆国培班中选取来自新疆维吾尔自治区不同区域的市、县（区）及乡镇的中小学体育教师，其中有些乡镇极为偏远。这些市县具体包括：乌鲁木齐市、哈密市、塔城市、和田市、库尔勒市、喀什市、阿克苏地区拜城县、精河县、塔城地区沙湾县、昌吉回族自治州奇台县、喀什地区巴楚县、吐鲁番地区托克逊县、喀什市麦盖提县、和田市皮山县、昌吉回族自治州吉木萨尔县、伊犁伊衡县、哈密市依吾县等。

（一）第一次座谈

在召开第一次座谈会之前，课题组人员进行了充足的准备，由课题组负责人董文梅教授与新疆师范大学体育学院阿不拉副院长共同主持本次座谈会，具体提问由课题组成员万茹博士、薛宇博士与马强博士共同进行，座谈会共分三组，第一组为国培班维吾尔族小学体育教师；第二组为国培班汉族小学体育教师；第三组为国培班中学体育教师。三组共有参与访谈的一线体育教师近五十余位。

座谈会主要内容：

1. 学生的身心健康发展状况。
2. 学校的体育工作开展状况。
3. 学校课外体育及课余锻炼开展状况。
4. 新疆的风俗习惯、地理环境对学生身心发展的影响。

第一组维吾尔族小学体育教师座谈会反映出的新疆青少年身心发展、体育工作特点和问题：

1. 乡村小学比城市小学学生的力量、耐力素质好

老师们的意见一致认为学生的体质在逐年下降，乡村学生的身体素质比城市学生的身体素质好，体现在耐力素质和力量素质方面尤为明显。原因可能与乡村学生离学校较远有关，他们每天走路上

学锻炼了身体，另外，这些孩子会帮助家长干些家务，这就从另一个侧面促进了学生们身体素质的发展。

2. 体育教师身兼数职

体育课在有些学校被认为是副科，得不到应有的重视。体育教师在教体育的同时还要教汉语课、数学课、整理档案，做学校保安工作。南疆地区体育教师身兼数职的现象比北疆地区严重，如某老师每周上 16 节体育课，16 节汉语课。

3. 师资匮乏

许多小学体育师资极度匮乏，一些老师没有体育教育专业背景，一些学校体育教师缺乏。某小学共 10 个班学生只有一名体育教师。

4. 阳光体育、大课间未落到实处

有的教师反映，阳光体育、大课间的时间被学校大扫除时间占用，阳光体育、大课间并未落到实处。

5. 场地设施条件差

很多学校没有足够的场地、器材，某学校二十几年来第一次开运动会。

6. 学生学习压力大，课业负担较重

学生们学习的科目多，作业多。老师反映小学 1—2 年级学生做作业到晚上 12 点、1 点左右（我们听呆了，我女儿上初一放学后就马上写作业，每天平均写到 10 点 30 分，后来详细问了一下，新疆时间晚上 12 点、1 点换成北京时间也是晚上 10 点、11 点了）。小学 5—6 年级的作业已经很重了，作业特别多。如此沉重的课业负担，课余时间的锻炼就无法提及了。

7. 老师们呼吁真正把体育重视起来

在学校教育中要让学生真正认识到身体锻炼的重要性；体育教育需要政策与法制法规上的规范与支持；不懂体育、不支持体育的校长是不称职的校长。

8. 新疆地区体育传统好，有培养学生们体育兴趣的社会氛围

课题组成员的感触

维吾尔族一线小学体育教师们在座谈过程中与我们交流得非常顺畅，他们之中很多人都兼教汉语。“我们喜欢孩子，孩子喜欢上体育课”的朴实语言和对学生们的爱让我们很感动。学生身体素质的下降，繁重的课业负担，体育工作开展的艰辛与困难，需要相关部门高度重视和全社会的广泛支持与关心。

第二组汉族小学体育教师座谈会反映出的新疆青少年身心发展、体育工作特点和问题：

汉族小学的体育教师包括了乡村小学、县级小学和市级小学三个层次。

1. 体育教师兼职教汉语，师资缺乏

维吾尔族、汉族混校的学校，有的体育教师兼教汉语课，周课时量比较大。有的学校只有一位体育教师，有的学校 1000 名学生只有 3 名体育教师，每位老师每周上 28 节体育课，同时兼做档案及管理科学实验室，体育教师承担的工作角色较多，在很大程度上影响了体育课的教学质量。

2. 体育器材不足

体育教师们能够感到学校体育不断受到重视，体育器材不断补充，但有时发现器材质量较差，跳绳跳几下就坏了。有的学校在只有两个篮球、两个排球的情况下教学，体育教师在座谈会时的情绪比较激动，为了给学生们买器材努力去向领导争取，有时甚至四处化缘。

3. 乡村小学学生的身体素质不如城市小学学生

来自和田的老师反映，和田农村小学学生身体素质不如城市小学学生，个子较矮，主要原因体育教师认为是营养不如城市小学学生。

4. 学生的身体素质较差

体育教师们反映，除了跑之外，学生的力量、柔韧素质比较差。体育课的教学内容除了跑之外，其他教学内容也比较少，甚至有的学校体育课由语文或数学老师代上，非专业教师授课及教学内容单一导致体育课的教学质量较差。

5. 城乡差距较大

根据座谈会的情况，市级小学体育课、大课间开展规范，运动会能够如期组织；而县级、乡村小学存在的问题则比较大。

课题组成员的感触

汉族一线小学体育教师对体育教学能够得到足够重视的期待溢于言表，他们之中很多人都兼教汉语，工作量大，教学条件艰苦，但他们对体育工作的热爱和对未来教学条件改善的期待令我们为之动容。

第三组中学体育教师座谈会反映出的新疆青少年身心发展、体育工作特点和问题：

1. 体育课程内容开设不足

由于伤害事故的频繁发生且没有一定的保障体系，学生一旦受伤，学校的赔付额很高，这就导致学校将可能出现伤害事故的体育项目都砍掉，如单杠、双杆、球类等，体育课以不出伤害事故为最高标准，甚至为防止伤害事故发生，运动会安排最长距离的跑仅为400米。有的老师在上体育课时教前滚翻有学生骨折，老师带学生看病花了钱，但真实的伤害事故原因是孩子平时营养不良造成骨骼发育有问题，这样的例子有亲身经历的体育老师不少。伤害事故的发生及没有法律法规条文的管理极大地束缚了体育教师教学的积极性，他们胆子变小了，怕出问题。

2. 中考加入体育测试内容对促进体育教学非常有效

参加座谈会的教师们一致认为，中考加入了体育的测试在一定程度上保证了学校重视体育教学，家长和学生也比较重视。

3. 校运动会的组织情况各不相同

由于师资和场地器材的问题，有的学校三年才组织一次运动会。有的学校运动会开展得非常好，如铁路中学。

4. 学生班级容量太大，学生身体肥胖严重，耐力差

参加座谈会的老师反映，其所在学校体育课班级人数达到65—70 人，学生身体肥胖者较多，学生们耐力差的现象非常明显。

课题组成员的感触

汉族一线中学体育教师对体育课最大的忧虑在于，由于学生课堂伤害事故频发，使得许多体育课程内容无法开设，越怕学生出伤，越不让学生练习，学生身体越差，越容易出伤，如此形成恶性循环。所以，完善的校园伤害事故的风险评估体系及运动风险法律法规的出台迫在眉睫。

座谈会照片：

问题一、学生的身心健康发展
状况

以评
评建结合重

（二）深度访谈

第一次座谈会后，课题组在获得了大量信息的基础上，经过整理分析并且根据课题组访谈的实际情况及需要，商议决定对具有代表性的中小学体育教师进行了第二次深度访谈。

经过课题组认真研究，共选取了七所不同地区具有一定代表性的中小学一线体育教师进行第二次深度访谈。进行深度访谈的中小学体育老师主要来自以下几所学校：乌鲁木齐79中学、哈密二中、喀什塔吉克自治县中心小学、博尔塔拉蒙古自治州精河县第二小学、大河沿子第一中学、塔城市第一中学与库尔玛乡中学。

在本次深度访谈过程中，课题组成员与一线体育教师结下了深厚的友谊，有的教师预约访谈时间为半小时，足足和课题组成员聊了2个小时才依依惜别。这些教师们质朴的情感和对工作的热爱让课题组年轻教师饱含热泪听着他们的讲述，他们既不要劳务费也不要我们赠送的茶叶，他们最大的愿望是我们把真实情况写出来，逐步改善教学师资和条件，帮助学生们提高身心素质……

1. 恰尔巴格乡小学（其笛尔塔格小学）

恰尔巴格乡小学位于新疆维吾尔自治区喀什地区巴楚县，体育课程教学与课外活动相对滞后。

凯赛尔·艾尔肯是这里的一名体育老师，在访谈中，凯赛尔·艾尔肯的一句话让人印象深刻，他说："学校基本没有器材库，有些体育老师用自己的钱买些足球，篮球给学生。"可见，新疆偏远乡村的体育课与课外活动是怎样的一种状况？作为偏远中学的体育教师开展体育教学是如何的艰难？如此落后的体育设施，怎能让学生的体育教学、身体素质得到最基本的保障？

以下是围绕主要问题的访谈实录：

万茹老师（以下简称万），凯赛尔·艾尔肯老师（以下简称凯）

万：您学校学生的体质状况都怎么样呢？

凯：可以，学生对上体育课很积极的。

万：家长对学生参与体育活动的态度如何？

凯：我上班的地方，思想还比较保守。运动方面，维吾尔族学生喜欢运动，家长也希望学生参加一些活动。

万：星期六、星期日放假的时候，学生有体育活动的地方吗？

凯：村里有活动的地方，玩的很多，多喜欢排球，篮球，足球，成年人和学生们都玩。

万：五六年级的学生作业量大吗？

凯：压力挺大的，作业非常多。

万：学生几点放学？

凯：7 点到 7 点 30 分。

万：学生几点睡觉？

凯：五六年级学生 11 点、12 点睡觉，低年级学生晚 9—11 点睡觉。

万：学生早晨上学时间？

凯：早上 9 点到 9 点 30 分之间。

万：离开学校后有时间进行体育活动吗？

凯：基本没什么体育活动时间，有的学生帮着干农活。

万：学校或学生家中网络发达吗？

凯：基本没有。

万：学生看电视耗的时间多吗？

凯：不占主要时间。

万：哪个体质测试项目好一点？

凯：肺活量好，柔韧性相对较差。

万：学生们平时都吃些什么？

凯：馕，牛羊肉。

万：学校开展民族性的活动吗？

凯：有，两个棍子打着玩，踢毽子及维吾尔族特色的舞蹈。

万：学校经常举行体育方面的集体活动吗？

凯：运动会，有田径，有趣味运动会，学生很有积极性。

万：其他的体育活动呢？

凯：拔河。

万：您是否了解临近其他学校的体育工作情况？

凯：很艰苦，基本没有器材库，有些体育老师用自己的钱买些足球、篮球给学生练习。

我刚来学校时条件特艰苦，学校餐厅卫生极差，现在学校有了食堂。

万：维吾尔族家里一般几个孩子？

凯：平均3、4个

万：学生的心理状况怎么样？

凯：家长不想让学生上学，学生很积极。家长认为学生上了大学也不好找工作。

我当班主任时，一天就会有7、8个学生不来上学，40%的学生上到小学就不上了，家长不支持。

万：您一学期兼几门课？

凯：最少两门。非专业的老师也会兼职教体育课。

万：男生和女生在体育课方面有差别吗？

凯：男生、女生在上体育课方面差别不大，积极性都很高。

万：体育课有室内课吗？

凯：有。体育室内课内容包括安全、保健的理论，运动视频

（学校有网络，有电脑，投影），这几年条件变好了

万：课间十分钟的活动怎么样？

凯：分班级发器材，定时限交换，周五回收。

2. 塔城市第一中学

任职于塔城市第一中学的柴兆旭老师谈到：“我校体育教师共16 人，其中专职体育教师只有 4 人，一位体育老师大概一周上 12 课时体育课”，这所学校也只有基本的体育活动。访谈中反映出一个问题：家庭因素在孩子身体素质发展中的重要性。家长认为体育不重要，譬如乡镇中学的孩子家长普遍认为体育与“干农活”等同。家庭教育中对于体育健康的认识与学生身体素质之间是否存在直接联系？这种影响该如何改变？所有的问题都需要我们进行深入的思考。

以下是围绕主要问题的访谈实录：

万茹老师（以下简称万），柴兆旭老师（以下简称柴）。

万：塔城位于新疆西北部，经济状况如何？

柴：属于农业型地区，以蔬菜出口为主，学生生存环境挺好，交通欠发达。

万：塔城市第一中学民族成分？

柴：以汉族学生为主，还有哈萨克族、维吾尔族和一些回族学生。

万：一届多少班，汉族和少数民族学生比例是多少？

柴：一届通常有 20 个班，都是汉语授课，一届混合了不同民族的学生，城里的学生普通话说得都很好。

万：不同民族的学生都混在一个班中，想要学他们本民族的语言会以怎样的形式教授呢？

柴：一中主要是了解各个班级情况后，为想学本民族语言的学

生聘请专门的老师来教，每周两节课。有专门的民族学校，二中是维吾尔族学校，六中是哈萨克族学校。

万：请大致介绍一下一中的情况。

柴：学生共有3000人，800人寄宿。

万：体育教师有多少？

柴：体育教师共16人，其中专职体育教师4人，另外还有德育老师、办公室主任等，这16人中，14人是体育专业毕业的，1人曾是工人，1人曾是数学专业毕业的（德育副主任）。

万：其他老师的课全由全职承担吗？

柴：一般就是全职老师带4个班，德育老师带2个班。

万：您是全职教师吗？

柴：是

万：您平时的周课时是多少？

柴：每周12节课，负责大课间和阳光体育活动。

万：请您对学校的体育活动做一个简单介绍？

柴：学校的大课间和阳光体育活动在北疆开展得比较好，2013年的阳光体育汇报，全疆共五个学校，其中有我们。

万：能再介绍一下吗？

柴：我们学校之前申请了足球学校，之前也训练出好多足球运动员，但去年教足球的老师退休了。体育课内容多以中考内容为主，对初一学生还是会讲一些体育健康基础知识。田径、篮球会介绍一些，体操等技巧型的项目没有开展，是因为配发的器材设施不能用。

万：学校有足球课吗？

柴：有足球队，课上会有足球内容，我们上课内容主要是按照教师的特长来定的，教师擅长什么就多教些什么内容。

万：阳光体育活动主要内容有什么？

柴：篮球，排球，足球，跳绳等。

万：阳光体育活动如何开展？

柴：三千多学生分批开展。周一和周三是初一学生、周二和周四是初二学生，初三面临中考，主要参加大课间体育活动。学生每学期按照项目报名参加阳光体育活动，器材有些紧缺，场地比较开阔。

万：学校领导重视体育工作吗？

柴：学校领导重视体育工作。

万：学校大课间的活动内容有哪些？

柴：武术健身操，跑步（10 分钟），自由活动时间共 40 分钟。

万：学校体育活动有哪些？

柴：运动会（春季或秋季），趣味运动会，广播操比赛。

万：学校有哪些训练队？

柴：足球队、篮球队、游泳队、乒乓球队（以阳光体育活动为主，选拔出队员后再集训）。

万：一中在市里的学习成绩排在什么位置？

柴：我们学校学习成绩很好。

万：学生的学习压力如何？

柴：没有具体了解。一般住校生 24：00 就寝，早晨 9：10 开始学习，走读生 19：50 放学。（注：新疆有两个小时时差）

万：维吾尔族、哈萨克族与汉族学生相比运动积极性有区别吗？

柴：少数民族学生和汉族学生差别不大。

万：家长对学生参加体育锻炼的支持度如何？

柴：体育特长生家长会去看比赛，对训练不是很赞同，家长对体育训练支持度不高。

万：塔城市体育锻炼环境如何？

柴：有篮球馆（可以组织国际性的比赛），训练馆，游泳馆。

万：有社区体育俱乐部，例如乒乓球训练班等吗？

柴：有，但不多，有乒乓球训练班，街舞俱乐部等。

万：塔城的社会体育活动有哪些？

柴：最主要的就是赛马。

万：学校体育教师会讲授体育与健康方面的知识吗？

柴：会讲一些，主要局限于教材。

万：有无任课老师占用体育课时间上课的现象？

柴：会有一些任课老师要求占课，有的体育老师会给。现在出台惩治措施，比以前好多了。

万：学生的运动积极性如何？表现在什么方面？

柴：积极性不高。对体育课的认识就是觉得是放松，下来溜达。

万：阳光体育课上的学生积极性？出勤率？

柴：积极性不高的就不来了，来的都有积极性。

万：阳光体育课如何考勤？

柴：教务处检查，今年学生不参加开始扣班主任的分，班主任强制学生参加。

万：塔城天气冷的时候多吗？

柴：冷的时间很长，10 月到 3 月都冷，主要以跑步、踢球为主，排球等都不好开展。太冷的时候就在室内上课。

万：每年的体育中考成绩如何？

柴：新疆地区不同中考体育考核也不同，塔城市的学生中考不算体育成绩，乌鲁木齐市就会将体育成绩加入中考总分。

3. 库尔玛乡中学唯一的体育教师——亚生·马木提

库尔玛乡中学位于更偏远的乡村，他们那里是九乡一镇，库尔玛乡是九乡中最偏的一个乡，经济条件不是很好，学生进行体育活动和体育教学的设施更加落后、缺乏。体育师资严重缺乏，整个学校就亚生·马木提一个体育老师。这种状况是乡镇中学的普遍现象。甚至于体育老师除了带体育课之外，还要教学生其他课程。访谈过程中发现的问题在于体育课被安排成了“劳动课”，夏天除草，冬天打扫卫生……

以下是围绕主要问题的访谈实录：

万茹老师（以下简称万），亚生·马木提老师（以下简称亚）。

万：请您介绍一下你们学校的具体情况?

亚：我们那儿是九乡一镇，我们学校是九乡中最偏的一个乡，经济条件不是很好。之前是中学和小学合并的，后来中学迁到县里了，现在只剩小学，学校共有10个班，二十几位老师，只有我一位体育教师。大部分是下午上体育课，课外活动基本没有，有时劳作除草。

万：有足球、篮球等体育器材吗?

亚：足球、篮球等器材有，但体育课都成劳动课了，经常用体育课的时间去除草。就我一个体育老师，尽量上体育内容。

万：一个班多少人?

亚：每个班40—50名学生，因体育老师不够，一二年级学生合班上课。

万：学校的民族成分?

亚：学校是少数民族学校，全是维吾尔族学生。

万：如果合班上课，1、2年级合班，3、4年级合，年级之间差距怎么办?

亚：老师少，没办法，已申请聘用新体育教师了，但还没有来。

万：体育课场地如何?

亚：200 米土场（比赛时自己画线），有篮球场，是砖地的 5 块，场地坑坑洼洼，很不平整。

万：器材有什么？

亚：我刚来时都是烂球，现在为达标进行标准化建设新购了篮球有二十几个，足球大的 5 个，小的 20 多个，乒乓球拍 40 副，羽毛球拍 36 副。

万：体育课的内容？

亚：因为夏天有花，上体育课时间除草，一节课除不完，下节课接着除，一个星期除草两次左右。天冷了体育课就打扫卫生，早上开始打扫，会打扫很长时间。

4. 大河沿子第一中学

大河沿子第一中学位于新疆维吾尔自治区精河县，是一所多民族、多语种授课的镇级中学，学校在校生大概 1100 多人，大多数学生为汉族、维吾尔族与哈萨克族，学生体育课程教学与课外体育活动的开展很滞后。

吉李里·阿不拉是这里的一名体育老师。在与他的访谈过程中发现，体育器材不足、县级、校级体育活动较少是困扰该校体育工作的主要问题。他朴实、直截了当的语言中反映的问题值得我们深思。

以下是围绕主要问题的访谈实录：

万茹老师（以下简称万），吉李里·阿不拉老师（以下简称吉）。

万：您能给我介绍一下大河沿子第一中学基本情况吗？

吉：大河沿子第一中学为镇级中学，有体育老师 8 名，其中 5 名体育专业毕业。

万：有学生多少人？

吉：共有学生 1100 多人。

万：学校场地设施怎么样？

吉：一个班一个篮球或一个排球，400 米操场是两年前建好的。有 4 个篮球场，简易的乒乓球台子。

万：体育课的内容有什么？

吉：田径、足球、篮球、排球、体操等，就是器材严重不足，教学质量不高。

万：校内体育比赛有哪些？

吉：跳绳，羽毛球，乒乓球，篮球比赛，只是场地器材太有限。

万：学校组织运动会吗？

吉：有，每年春季举行运动会。

万：体育教师的周课时量？

吉：每人平均 12—14 节体育课。

万：学校学生的民族成分？

吉：汉族、维吾尔族、哈萨克族学生都有。

万：学校开展民族体育活动吗？

吉：没有。

万：大课间都有什么内容？

吉：广播操后，体育老师安排每个班锻炼，项目不同。

万：大课间学生活动的积极性高吗？

吉：因为场地、器材不足，学生们有的不参加活动而是在外面转悠（不允许回班），约 50% 的学生能参与到体育活动中。

万：精河县组织青少年体育比赛有哪些？

吉：高级跳棋，乒乓球比赛，足球比赛，篮球赛，田径比赛（两三年没开展了）。

万：学生学习压力大吗？

吉：学习压力比较大，早晨9：30 上课，下午 19：30 放学。做完作业一般是 11 点，12 点睡觉。（新疆有两小时时差）。

万：学生体质状况怎么样？

吉：按照运动会中的表现，汉族学生的体质较少数民族的学生差一点。

我们学校有汉族 6 个班（包括其他民族），维吾尔族 2 个班，哈萨克族 2 个班。

万：汉族学生体质较少数民族学生差点受什么因素影响？

吉：汉族学生看书多，体育活动少。活动时，汉族学生没有民族学生积极性高。

万：家庭教育对体育活动的影响大吗？

吉：汉族家庭多是独生子女，注重学习，家长很少给孩子安排时间锻炼。

万：少数民族的学生，家长支持孩子运动吗？

吉：支持，本身也爱运动。

万：学校的男学生、女学生都爱运动吗？

吉：少数民族的男生、女生都比汉族学生体育锻炼的积极性高。

万：周六周日学生能有时间运动吗？

吉：学生们主要在家干农活，写作业。

万：镇上的体育设施建设得好吗？

吉：镇政府门前有一个篮球场，广场盖楼房了。

5. 乌鲁木齐 79 中学

乌鲁木齐 79 中学是一所民、汉合校的市区中学，学生包括小学和初中生，学生由汉族和维吾尔族组成，但在实际教学活动中，维吾尔族、汉族学生分开进行教学。通过对该中学体育教师梁国的访谈，我们得知：两千多人的学校共有 5 名专职体育教师。由此可见，在新疆即使是县级的中学，体育教师还是相对缺乏，不能满足学校体育工作的需要。

以下是围绕主要问题的访谈实录：

董文梅老师（以下简称董），梁国老师（以下简称梁）。

董：请问乌鲁木齐 79 中学一周安排学生上几节体育课？

梁：因为教师不够，体育课没有开足。

董：那么学校的教学文件里是怎么规定的？

梁：小学一、二年级是每周 4 节体育课，三至九年级是每周 3 节体育课。

董：贵校有多少位体育老师？

梁：共有 5 位专职体育教师。小学专职体育教师就我一个，中学老师也上小学课。其他教师为退休返聘或其他科目教师代上体育课。

董：您每周平均上多少节体育课？

梁：15 节至 17 节。

董：贵校学生身体素质如何？

梁：我们学校学生的身体素质平均比市里要好点。但是常见的身体素质问题都有。

董：学生们的力量、耐力素质如何？

梁：学生们的力量、耐力素质不太好，大约 60% 的学生测试成绩达到《学生体质健康标准》要求。

董：小学生学业压力大吗？作业多吗？

梁：压力很大，部分学生周末上辅导班还要补习语文、数学和英语。作业是到考试前半个月多一些。

董：家长能带孩子锻炼吗？

梁：很少。

董：学校领导重视体育工作吗？

梁：学校领导挺重视的，就是经费少。

董：贵校学生心理素质如何？

梁：我觉得学生们的心理素质挺棒的，相比城市学生，这里的学生家长对孩子的期望值要低一点，学生比较自由。

董：根据新疆本地的风俗习惯，学生们喜欢什么体育活动？

梁：维吾尔族学生在小时候踢足球，项目比较集中单一，小学、中学也是喜欢踢足球。

董：你们这里一年能上多久体育课？受不受气候影响？

梁：受气候影响。这里一年明显分两季，夏天和冬天。冬天冷得早，主要开展足球项目。夏天主要开展篮球、田径、足球项目。

董：课外体育活动开展情况如何？

梁：我们不出早操，有大课间。

董：贵校大课间是如何组织的？

梁：现在推行的是武术操，以前是广播体操，武术操之后分年级锻炼，每个年级都有老师组织。一、二年级做游戏；三至六年级跳绳。

董：学校组织运动会吗？

梁：两年一次，一年田径运动会，一年运动周，有足球，篮球，拔河比赛。

董：学校有业余训练队吗？

梁：有田径，足球，篮球，健美操队。

6. 哈密市第二中学

通过对哈密第二中学小学部体育教师漆芳的访谈，我们了解到这所市属中学体育课程和课外体育活动的工作安排比较正规。但正如漆芳老师所讲："学生们喜欢体育，营养也跟上了，就是身体素质特别差，让人担忧。”

以下是围绕主要问题的访谈实录：

董文梅老师（以下简称董），漆芳老师（以下简称漆）。

董：贵校学生身体素质如何？

漆：不好，学生们的身体素质让人担忧。

董：您认为学生身体素质差的原因？

漆：体育课中怕学生出伤，不能强度大或做有任何可能出现危险的练习；家长重视学习，忽视体育锻炼。

董：贵校学生的心理素质如何？

漆：现在的学生心理素质不好，独生子女在家里比较娇惯，到学校没有集体意识，尤其不能接受批评。

董：您所在的学校少数民族学生多吗？

漆：少数民族学生不多，特别少，汉族学生多，我们是汉族学校。

董：学校课外体育的内容是？

漆：自编健美操、跳绳和篮球。

董：课外体育活动能保证吗？

漆：基本上都能保证。

董：学校小学生的作业多吗？

漆：不是很多。

董：学生喜欢上体育课吗？

漆：喜欢。

7. 博尔塔拉蒙古自治州精河县第二小学

肉孜·阿布拉提老师是博尔塔拉蒙古自治州精河县第二小学的体育组组长，他是一位对体育工作充满热情且具有强烈感染力的体育工作者。博尔塔拉蒙古自治州精河县第二小学是民汉合校，学生主要是汉族、维吾尔族和哈萨克族，总人数达到一千五百多人。他为我们耐心细致地介绍了该小学的基本情况和学生的体育课和课内外体育活动开展等情况。访谈过程中我们深切地感受到了体育课与课外活动对于孩子强健身体的重要性，相对于该县其他的学校，该小学体育工作开展较好，并有优势体育项目，能够积极参与各类比赛。

以下是围绕主要问题的访谈实录：

董文梅老师（以下简称董），肉孜·阿布拉提老师（以下简称肉孜）。

董：请介绍一下贵校的情况及体育活动工作基本情况？

肉孜：我们学校是民汉合校，有汉族学生800多名，维吾尔族学生500多名，哈萨克族学生200多名。

体育活动开展得丰富多彩。我们学校有9名体育老师，其中3名老师是体育专业毕业的。我们小学是英汉双语学校。

董：听您介绍学校的体育活动丰富多彩，请问你们学校有特色体育项目吗？

肉孜：从2010年开始我们学校把足球作为特色项目，有男子和女子足球队。我们每年参加自治区主办的中小学生足球联赛，最好成绩是男足全疆第四名，北疆片区第二名，女足是北疆片区第二名。

董：学校课外体育活动都有什么项目？

肉孜：足球、篮球比赛。每年四年级到六年级的篮球比赛在4—5月份之间。足球比赛在9—11月份，每天下午两节课后有比赛的班级出来比赛，其他班级上课。还有春季运动会、夏季运动会。

董：学校场地器材设施如何？

肉孜：还算可以吧。我们学校配备了很多体育器材。

董：学生身体素质如何？

肉孜：和县内同级中学相比学生的身体素质较好，但学生们耐力素质不好，我们学校运动会女生800米，男生1000米的项目不敢选择，最长的距离跑是400米。

董：学生的作业量大吗？

肉孜：学生的作业量大曾经是我们学校的一个特点。家长们反映学生作业多，晚上做作业到很晚，第二天起不来，早饭来不及吃就得去上课，后来学校也做了调整，现在学校作业量不太多了。

董：足球训练工作开展得如何？

肉孜：学校领导很支持，为参加训练的学生提供营养食品；家长们不太支持孩子们参加训练，班主任也怕影响孩子成绩不太支持，所以我们组织起来有一些困难。

董：学校大课间活动开展得如何？

肉孜：近两年学校大课间活动开展得很好，班主任组织学生一起参加活动，主要项目是民族舞蹈，包括哈萨克族、维吾尔族、蒙古族等舞蹈。

董：体育课上有少数民族传统体育项目吗？

肉孜：尝试教摔跤、射箭，有民族健身操。

8. 喀什塔吉克自治县中心小学

喀什塔吉克自治县中心小学是喀什贫困县的一所小学，学校条件差，学生连过冬时的衣服都不足，访谈过程中课题组成员心情无比沉重，录像的学生边录边落泪了。吾拉音老师在艰苦的教学条件下表现出的对学生和工作的热爱，让我们为之动容，深感采访他的过程也是对我们的教育过程，让我们更多地想到了基层体育教师在教育岗位上的责任和奉献。

以下是围绕主要问题的访谈实录：

董文梅老师（以下简称董），吾拉音老师（以下简称吾）。

董：请您介绍一下学校的基本情况？

吾：我们小学是有住宿的集中办学，3000 多名学生都是山里面来的，属于高原地区，缺氧，海拔 3000 多米。

董：请问您学校学生的身体素质如何？

吾：学生们身体素质不好，上体育课组织活动他们身体素质跟不上。主要是耐力和力量素质差。

董：学校共有多少位体育老师？

吾：9 位老师，其中 4 位非体育专业毕业。

董：一周上多少节体育课？

吾：三年级以下每周上 4 节体育课，三年级以上每周上 3 节体育课。

董：体育课能按时上吗？有无占用体育课的现象？

吾：有占用体育课的现象，如占用体育课时间上数学课，打扫卫生或搞劳动。

董：学生作业多吗？

吾：作业多。家长们反映学生作业多，压力太大。

董：学生到学校距离远吗？

吾：远得很，山里住得最远的离学校 200 多公里，学生整个学期在学校住宿。

董：有走读生吧？

吾：也有。走读生最远离学校 5 公里左右。

董：学校有多少名学生？

吾：1500 人左右。

董：贫困学生多吗，有上不起学的学生吗？

吾：有，太多了。学生们的家长有的是牧民，没有地，太贫困，冬天就只穿一条裤子，一件上衣。

董：学生们冬天能穿暖吗？

吾：不能。没办法，买不起衣服。冬天学生们穿的鞋子都是烂烂的。

董：学校的学生多数是维吾尔族？

吾：不是，他们大部分是塔吉克族。

董：体育场地器材设施如何？

吾：几乎没有体育器材，有土场地，条件很差的。

董：体育课上什么内容？

吾：田径类的跑步、跳远、接力跑、队列队形和足球，学生们喜欢踢足球。

董：有少数民族传统体育项目吗？

吾：体育课没有。大课间跳塔吉克舞。

董：学校能举办运动会吗？

吾：不能，因为没有场地。

董：您每周上多少节课？

吾：18 节。

董：您喜欢在您的学校当老师吗？

吾：我喜欢教学生，喜欢体育。

董：有没有想过到条件更好的县城或学校去工作？

吾：没有想过。

9. 昌吉回族自治州吉木萨尔县泉子街中心学校

昌吉回族自治州吉木萨尔县泉子街中心学校位于吉木萨尔县东南，学校有 15 个教学班，其中，汉语教学班 9 个，哈萨克语教学班 6 个，学生包括汉族、回族、哈萨克族、维吾尔族、蒙古族等。

以下是围绕主要问题的访谈实录：

马强老师（以下简称马），王鑫老师（以下简称王）。

马：请您介绍一下学校的基本情况。

王：我们学校是民汉合校，比例大概为1∶1。

马：您学校学生们的体质状况怎样?

王：农村的孩子体质好一些，镇上的孩子就不行。学校有好多弱智的学生，原因在于饮食方面、父母近亲结婚以及家庭原因造成的（如父母出走等）。

马：你们当地经济状况如何?

王：两极分化吧！城镇的好一些，农村的差一些。

马：您认为学生体质下降的主要原因是什么?

王：学生们更喜欢上网玩游戏、看电视；学习压力比较大。

马：学生的课余锻炼时间多吗?

王：每天有固定的课余时间让学生锻炼，大约 30 到 40 分钟，但有时出于安全原因，下自习后都不让学生进行活动。一、二年级每周有 4 节体育课，其他年级有 3 节体育课。

马：学校有运动会吗?

王：前几年有，但最近几年都取消了。由于现在进行防恐，教育局就不让举行了。

马：你们学校开展少数民族传统体育课吗?

王：有些特色学校开展，如回族多的学校开展体育舞蹈。

马：您的学生主要参加什么体育项目?

王：足球、篮球、排球以及乒乓球。受场地和器材的限制，一些项目无法开展，像我们学校只有一个 250 米的土跑道，一个小操场，三个篮球场。

马：你觉得学生体质与当地饮食有关系吗?

王：我们这边经常吃肉喝奶茶，哈萨克族学生比较多，但他们比别的同龄孩子显得矮小。参加县里的运动会我们的运动员比其他学校的运动员更加矮小。这也许和饮食和地理位置有关系吧。

马：你们那边为什么还有近亲结婚的状况？

王：我们这里人口比较稀少，而且少数民族和汉族，不同的民族之间因宗教信仰不同，都不能通婚。除非有个别例外。离异家庭较多，他们的孩子只能和爷爷奶奶生活，智力发育不全。

马：你们学校学生跑的能力比较好，其他能力比较差，这与缺乏体育锻炼有关系吗？

王：因为我们这边大多数是牧民的孩子，耐力比较好，速度爆发、柔韧性、协调性很差。不像城里的孩子小时候有柔韧性练习，比如体育舞蹈培训。我们这边条件好一点的学生在家待着，条件不好的就下地干活。

马：你们现在上体育课是自选还是规定内容？

王：我们根据季节变化从教材上选项目，春秋季田径较多，夏天主要以球类为主，冬天主要是跑和足球。体操和武术之类的项目相当少。

马：你们进行体质测试吗？

王：我花了半个学期对四个年级进行测量，也是用器材进行测量的，达标率还可以。

10. 和田市沙拉乡小学

马强老师（以下简称马），王鑫老师（以下简称王）。

马：请您介绍一下学生的体质情况？

王：相比市里的学生我们学校的学生身高、体型比较瘦小，基本跑动能力较好，这可能与饮食有关。市里经济条件较好，营养较好，孩子们发育比较好。村里的学生经济条件比不上市里的学生。

马：你们学校体育工作开展得怎样？

王：体育课内容与市里基本一样。我是这所走读学校唯一的体育老师，学校第二节课后有 20 分钟的课间活动时间，一个星期有一次阳光体育活动，但开展得并不好，有领导检查时上一下。

马：学校有训练课和运动会吗？

王：没有。

马：学生的身体素质如何？

王：村里的孩子耐力较好，但柔韧性、协调性较差，缺乏体育锻炼。少数民族学生总体比汉族学生身体素质好一些，一方面可能是因为少数民族学生走、跑上学比较多，另一方面可能受遗传因素的影响。

马：学校的体育设施如何？

王：学校没有专门的跑道，全校 200 多人就一个篮球，一个排球，一个足球，设施器材较简单，对正常教学影响较大。

马：您现在教什么体育项目？

王：之前教跳绳，但由于上几次课后，器材就坏了，跳绳课也终止了。至于其他项目，只是做广播体操，武术等其他项目也没有开展。

马：学校组织学生健康体质测试吗？

王：组织，但前两年数据没有上报。现在学校已有基本的测试器材。

马：有开展少数民族传统体育项目吗？

王：在课堂没有安排，因为师资不足。课下学生们打陀螺，社会上有开展赛马之类的项目。

马：你们地区孩子一直都是这么瘦小吗？

王：一直以来都是这样的，因为我一直在这儿长大，我们这里主要是维吾尔族学生，市里的学生还比较好，应该与地区饮食和遗传有关。

马：父母重视学生的体育锻炼吗？

王：家长不重视。开学之际，我们还得去家里找学生回来上课，父母认为上不上学无所谓，有时学生还去打工挣钱。家长连学习都不重视更何况体育锻炼。好多学生上完小学就不上了。因学生由各少数民族学生组成，有时语言沟通不便，上课特别费劲。

马：你们学校师资如何？

王：我们汉族教师较少。这里双语班的学生还是不会说汉语，不像市里的双语班学生都能流利地说汉语。

马：学生喜欢上体育课吗？

王：学生最喜欢的就是体育课。

马：学生们玩电子游戏吗？

王：大一些的学生可能到网吧玩游戏，小一些的学生就很少玩了。

马：学校有什么体育比赛吗？

王：学校有足球比赛选拔，经过学校的选拔，好的学生可以到市里训练比赛。由于新疆有足球专项基金，足球开展得比较好。

感谢参加座谈会和深度访谈的教师们，有的教师并未留下姓名，在此一并表示感谢！

凯赛尔·艾尔肯　喀什地区巴楚县恰尔巴格乡小学（其笛尔塔格小学）

周马汗·纳金　昌吉回族自治州奇台县大泉塔塔尔族乡中心学校（小学）

依代吐啦·热扎克　塔城地区沙湾县第二小学

艾米拉江·艾可木　博湖县第二小学

亚生·马木提　喀什市麦盖提县央塔克乡（库汉玛乡中心小学）

库尔班·塔什　阿克苏地区拜城县康其乡中心小学

艾克拜尔·艾斯卡尔　吐鲁番地区托克逊县第一小学

阿木提·艾提　吐鲁番地区托克逊县博斯坦乡中心小学

热依汗克丽·加帕尔　库尔勒市和什力克乡中学

艾和太木·局卜杜外力　和田皮山县桑株乡第二小学

周杰　哈密市八中

王建疆　和田市沙拉乡小学

王鑫　昌吉回族自治州吉木萨尔县泉子街中心学校

马小军　伊衡县回族乡阿布拉小学

叶尔木拉提　塔城额敏县上户镇寄宿制学校

马萍萍　新源县则克台镇中心小学

漆芳　哈密市第二中学

梁国　乌鲁木齐市79中学

柴兆旭　塔城市第一中学

阿力木　哈密市依吾县盐池学校

肉孜·阿布拉提　博尔塔拉蒙古自治州精河县第二小学

马强，中央民族大学讲师，博士，研究方向为运动心理学

研究报告四：乌鲁木齐市中学生体育学习兴趣与心理健康的现状与关系研究

马　强

（中央民族大学，北京，100081）

一、研究目的与意义

体育学习兴趣是学生对体育学习活动所产生的心理上的爱好和追求倾向，是影响体育学习效果的重要变量，是推动学生参与体育运动的重要动力。体育学习兴趣也是近年来学者们关注的教学理论和实践探讨的研究热点。体育学习兴趣可以作为学生积极参与体育运动的一个表现形式，积极的体育学习态度会产生良好的学习效果，能够推动学生积极参与体育运动和锻炼。体育锻炼是促进学生心理健康的最佳手段。

中学生心理健康问题是近些年中学教育、学校和家长面临的重要问题，中学生的心理健康得到了各方的重视，对中学生心理健康的研究也取得了一定成果，但是中学生的心理健康既有共性问题也有区域问题，不同地区、不同群体中学生面临的问题各不相同，因此对不同地区、不同群体中学生的心理健康问题进行研究具有重要作用。

研究表明，体育运动对心理健康具有重要作用，这种作用是由体育运动本身和体育运动参与多种因素共同影响的。体育兴趣是人们参与体育运动的重要动机因素，具有体育兴趣的人群参与体育运动的方式各不相同，因此体育学习兴趣可能对中学生心理健康具有某种积极的促进作用，探讨中学生体育学习兴趣与心理健康的关系具有重要意义。

本研究对新疆乌鲁木齐市中学生体育学习兴趣和心理健康进行调查，旨在了解乌鲁木齐市中学生心理健康和体育学习兴趣的现状，探讨中学生心理健康与体育学习兴趣的关系，分析影响乌鲁木齐市中学生心理健康的因素，为该地区中学生心理健康教育和辅导提供科学依据。

二、研究对象与方法

（一）研究对象

本次调查研究选取乌鲁木齐市 6 所中学的 500 名中学学生，发放问卷 500 份，回收问卷 437 份，有效问卷 336 份。

（二）研究工具

本研究采用的《中学生心理健康量表》是由我国著名心理学家王极盛教授编制，该量表有 10 个分量表。每个题项采用五级计分法，即无为 1 分，轻度为 2 分，中度为 3 分，偏重为 4 分，严重为 5 分。该量表总均分是由 60 个项目的得分加在一起除以 60，得出受试者心理健康的总均分，表示心理健康总体状况。10个分量表分别由6个题项组成，将每个分量表6个题项得分之和除以6，就是该量表的因子分。如果心理健康总均分或因子分低于2分，表示心理比较健康；超过2分（包括2分），表示存在一定程度的心理问题；总均分或因子分是5分，表示存在着严重的问题。10个分量表包括：(1) 强迫症状，如害怕考试、作业反复修改等强迫行为；(2) 偏执，如认为别人对自己有不良意图和评价不正当的偏执想法；(3) 敌对，如脾气坏，常有与人争辩和摔东西等冲动行为；(4) 人际关系紧张与敏感，如缺乏人际关系中的友好感受和满意度，或感到无法在人际关系中获得理解和支持；(5) 抑郁，如对未来丧失信心、兴趣索然；(6) 焦虑，如紧张、心神不定、烦躁；(7) 学习压力，如感到学习负担重，存在厌学、害怕考试等问题；(8) 适应不良，如不适应学校生活；(9) 情绪不平衡，如对学习的兴趣、对老师和同学的情绪忽高忽低；(10) 心理不平衡，如感到自己受到不公正的待遇，常不服气。

《中学生体育学习兴趣量表》由汪晓赞编制，该量表由6个分量表组成。每个题项采用五级计分法，即无为1分，轻度为2分，中度为3分，偏重为4分，严重为5分。包括积极兴趣、消极兴趣、运动参与、自主与探究学习、对体育的关注、对体育的认识。6个分量表包括积极兴趣，是指“我觉得体育课很有趣，非常吸引人”等对体育具有积极希望参与的情感；消极兴趣，是指“体育课让我感到枯燥无味”等消极的避免和逃避体育的情感体验；运动参与，是指“我把体育锻炼作为我生活中的重要组成部分”等积极参与体育活动的倾向；自主与探究学习，是指“我常用学过的体育知识和技能进行体育锻炼”等积极探索主动学习的心理倾向；对体育的关注，是指对“我平时喜欢了解体育的有关信息”等对体育的积极主动关注的心理倾向；体育的认识，是指“我认为参与体育活动有助于增强我的自信”等对体育的积极作用的认知。

三、研究结果与分析

（一）乌鲁木齐市中学生体育学习兴趣状况

1. 乌鲁木齐市中学生体育学习兴趣总体情况

对所得数据进行统计分析，结果发现体育学习兴趣六个维度中，消极兴趣均值最高，为 4.07 分，对体育的关注分值最低，为 2.78 分，其他维度均值在 3—4 分之间。由此看出，乌鲁木齐市中学生的体育学习兴趣在中等水平上。消极兴趣最高，说明学生们在体育学习中“经常不参与活动”等现象很少。其次是对体育的认识，均值 3.8 分，说明学生们对体育的价值、作用等有较高的认识。对体育的关注维度最低，说明学生们对体育新闻、赛事等情况关注得很少。

表 1　乌鲁木齐市中学生体育学习兴趣情况表

	N	均值	标准差
消极兴趣	278	4.0706	0.86703
积极兴趣	281	3.2607	1.00545
运动参与	275	3.2790	0.88571
自主与探究学习	275	3.2332	0.87221
对体育的关注	278	2.7748	1.10074
对体育的认识	283	3.7845	1.02123

2. 不同性别中学生体育学习兴趣情况

对不同性别的中学生体育学习兴趣进行独立样本的 T 检验，发现在各维度上男女生存在显著差异。消极兴趣男生显著高于女生（$p<0.05$），积极兴趣、运动参与、自主探究学习、对体育的关注和对体育的认识上男生非常显著高于女生（$p<0.01$）。由此看出男生的体育学习兴趣显著高于女生，这与我们日常观察的中学生体育行为非常一致，因此我们应该更多地关注女生体育学习兴趣的培养与激发。

表 2　不同性别中学生体育学习兴趣差异

	性别	N	均值	标准差	显著性
消极兴趣	男生	126	4.2049	0.83628	0.018
	女生	152	3.9593	0.87896	0.018
积极兴趣	男生	129	3.5417	0.90225	0.000
	女生	152	3.0222	1.02948	0.000
运动参与	男生	127	3.4612	0.84557	0.001
	女生	148	3.1226	0.89222	0.001
自主与探究学习	男生	125	3.3966	0.86286	0.004
	女生	150	3.0971	0.85927	0.004
对体育的关注	男生	128	3.0125	1.08700	0.001
	女生	150	2.5720	1.07492	0.001
对体育的认识	男生	130	4.0808	0.89962	0.000
	女生	153	3.5327	1.05315	0.000

3. 不同民族中学生体育学习兴趣情况

对不同民族的中学生体育学习兴趣进行单因素方差分析发现，不同民族中学生在消极兴趣上没有差异，但在积极兴趣、自主与探究学习、对体育的认识和对体育的关注维度上不同民族存在非常显著差异（$p<0.01$）。

表 3　不同民族中学生体育学习兴趣差异

		N	均值	标准差	标准误	
消极兴趣	汉族	193	4. 0075	0. 84903	0. 06111	0. 221
	维吾尔族	38	4. 1268	0. 91583	0. 14857	
	哈萨克族	10	4. 1364	0. 78700	0. 24887	
	回族	37	4. 3243	0. 91150	0. 14985	
	总数	278	4. 0706	0. 86703	0. 05200	
积极兴趣	汉族	196	3. 1237	1. 01345	0. 07239	0. 002
	维吾尔族	36	3. 7326	0. 86456	0. 14409	
	哈萨克族	10	3. 7000	1. 02266	0. 32339	
	回族	39	3. 4006	0. 92932	0. 14881	
	总数	281	3. 2607	1. 00545	0. 05998	
运动参与	汉族	192	3. 1302	0. 87182	0. 06292	0. 000
	维吾尔族	34	3. 5672	0. 80543	0. 13813	
	哈萨克族	10	3. 6429	0. 68097	0. 21534	
	回族	39	3. 6667	0. 88752	0. 14212	
	总数	275	3. 2790	0. 88571	0. 05341	
自主与探究学习	汉族	192	3. 0945	0. 84211	0. 06077	0. 001
	维吾尔族	38	3. 4549	0. 72453	0. 11753	
	哈萨克族	9	3. 7302	0. 79361	0. 26454	
	回族	36	3. 6151	1. 00716	0. 16786	
	总数	275	3. 2332	0. 87221	0. 05260	
对体育的关注	汉族	191	2. 5885	1. 07354	0. 07768	0. 000
	维吾尔族	38	3. 3684	0. 98587	0. 15993	
	哈萨克族	10	3. 1800	0. 86641	0. 27398	
	回族	39	3. 0051	1. 14936	0. 18404	
	总数	278	2. 7748	1. 10074	0. 06602	

续表

		N	均值	标准差	标准误	
对体育的认识	汉族	197	3.6434	1.02646	0.07313	0.004
	维吾尔族	38	4.1776	0.75540	0.12254	
	哈萨克族	10	4.2750	1.07658	0.34044	
	回族	38	3.9934	1.06778	0.17322	
	总数	283	3.7845	1.02123	0.06071	

进一步进行多重比较发现，维吾尔族中学生的积极兴趣非常显著高于汉族（$p<0.01$）；运动参与上维吾尔族和回族非常显著高于汉族（$p<0.01$）；自主探究学习上维吾尔族、哈萨克族和回族非常显著高于汉族（$p<0.01$）；在对体育的关注上，维吾尔族、哈萨克族和回族非常显著高于汉族（$p<0.01$）；在对体育的认识上，维吾尔族、哈萨克族和回族非常显著高于汉族（$p<0.01$）。由此可以看出，不同少数民族中学生的体育学习兴趣在各个维度上都高于汉族学生，这可能与各民族文化相关。这些少数民族具有崇尚运动的传统，因此这些民族中学生深受文化影响，有着更加积极的体育学习兴趣。

表4　不同民族学生体育学习兴趣多重比较结果

因变量	(I) 民族	(J) 民族	均值差 (I-J)	标准误	显著性
积极兴趣	汉族	维吾尔族	-0.60891*	0.17858	0.001
运动参与	汉族	维吾尔族	-0.43702*	0.16012	0.007
		回族	-0.53646*	0.15115	0.000
自主与探究学习	汉族	维吾尔族	-0.36039*	0.15077	0.018
		哈萨克族	-0.63566*	0.28961	0.029
		回族	-0.52059*	0.15423	0.001

续表

因变量	（I）民族	（J）民族	均值差（I－J）	标准误	显著性
对体育的关注	汉族	维吾尔族	－0.77994＊	0.18951	0.000
		哈萨克族	－0.59152	0.34611	0.089
		回族	－0.41665＊	0.18747	0.027
对体育的认识	汉族	维吾尔族	－0.53423＊	0.17757	0.003
		哈萨克族	－0.63160	0.32488	0.053
		回族	－0.35002＊	0.17757	0.050

4. 不同类型学校和不同类型班级中学生体育学习兴趣情况

本研究将调查的学校按行政区划分的民族班与非民族班分为县中普通班、县中民族班、乡中普通班、市中普通班、市中民族班五种类型，以不同分班类型为自变量，以体育学习兴趣各维度为因变量进行单因素方差分析，发现不同类型学校和班级中学生在体育学习兴趣各维度上差异显著（$p<0.01$）。

表5　不同类型学校学生体育学习兴趣差异检验

		N	均值	标准差	标准误	
消极兴趣	县中民族班	16	4.4375	0.49595	0.12399	0.026
	县中普通班	81	3.8653	0.94673	0.10519	
	乡中普通班	60	4.2470	0.85495	0.11037	
	市中普通班	99	4.1102	0.76141	0.07652	
	市中民族班	22	3.9008	1.08400	0.23111	
	总数	278	4.0706	0.86703	0.05200	

续表

		N	均值	标准差	标准误	
积极兴趣	县中民族班	15	3. 7167	0. 96301	0. 24865	0. 000
	县中普通班	81	3. 3302	0. 93965	0. 10441	
	乡中普通班	63	3. 5575	0. 80222	0. 10107	
	市中普通班	101	2. 8515	1. 07467	0. 10693	
	市中民族班	21	3. 7440	0. 81151	0. 17709	
	总数	281	3. 2607	1. 00545	0. 05998	
运动参与	县中民族班	14	3. 4592	0. 74374	0. 19877	0. 002
	县中普通班	78	3. 1026	0. 88150	0. 09981	
	乡中普通班	63	3. 5782	0. 78096	0. 09839	
	市中普通班	100	3. 1300	0. 91442	0. 09144	
	市中民族班	20	3. 6429	0. 85652	0. 19152	
	总数	275	3. 2790	0. 88571	0. 05341	
自主与探究学习	县中民族班	16	3. 3571	0. 78072	0. 19518	0. 000
	县中普通班	77	3. 1707	0. 79304	0. 09038	
	乡中普通班	59	3. 6029	0. 95208	0. 12395	
	市中普通班	101	2. 9816	0. 84869	0. 08445	
	市中民族班	22	3. 5260	0. 69061	0. 14724	
	总数	275	3. 2332	0. 87221	0. 05260	
对体育的关注	县中民族班	16	3. 3250	1. 13343	0. 28336	0. 000
	县中普通班	79	2. 5620	0. 97826	0. 11006	
	乡中普通班	61	3. 3311	1. 06701	0. 13662	
	市中普通班	100	2. 3780	1. 03040	0. 10304	
	市中民族班	22	3. 4000	0. 89016	0. 18978	
	总数	278	2. 7748	1. 10074	0. 06602	

续表

		N	均值	标准差	标准误	
对体育的认识	县中民族班	16	4.2344	0.83899	0.20975	0.000
	县中普通班	82	3.6341	1.01318	0.11189	
	乡中普通班	63	4.1706	0.91231	0.11494	
	市中普通班	100	3.5150	1.07239	0.10724	
	市中民族班	22	4.1364	0.70596	0.15051	
	总数	283	3.7845	1.02123	0.06071	

进一步进行多重比较发现，在消极兴趣上，县中民族班非常显著高于县中普通班（$p<0.01$），乡中普通班显著高于县中普通班学生（$p<0.05$）。在积极兴趣上，乡中普通班、县中普通班、县中民族班和市中民族班显著高于市中普通班（$p<0.01$）。从运动参与上看，乡中普通班和市中民族班显著高于县中普通班，市中民族班和乡中普通班显著高于市中普通班（$p<0.01$）。在自主与探究学习上，乡中普通班显著高于县中普通班和市中普通班（$p<0.01$），市中民族班显著高于市中普通班（$p<0.01$）。在对体育的关注和对体育的认识维度上，县中民族班显著高于县中普通班和市中普通班（$p<0.01$），市中民族班和县中普通班显著高于县中汉族班（$p<0.01$），市中民族班和乡中普通班显著高于市中普通班（$p<0.01$）。

表6　不同类型学校体育学习兴趣多重比较

因变量	（I）学校2	（J）学校2	均值差（I－J）	标准误	显著性
消极兴趣	县中民族班	县中普通班	0.57218*	0.23417	0.015
	县中普通班	乡中普通班	－0.38165*	0.14579	0.009

续表

因变量	（I）学校2	（J）学校2	均值差（I－J）	标准误	显著性
积极兴趣	市中普通班	县中民族班	－0.86518 *	0.26450	0.001
		县中普通班	－0.47876 *	0.14257	0.001
		乡中普通班	－0.70605 *	0.15346	0.000
		市中民族班	－0.89256 *	0.22925	0.000
运动参与	县中汉族班	乡中普通班	－0.47567 *	0.14635	0.001
		市中民族班	－0.54029 *	0.21655	0.013
	乡中普通班	市中普通班	0.44823 *	0.13898	0.001
	市中普通班	市中民族班	－0.51286 *	0.21164	0.016
自主与探究学习	乡中普通班	县中汉族班	0.43222 *	0.14574	0.003
		市中普通班	0.62129 *	0.13802	0.000
	市中普通班	市中民族班	－0.54436 *	0.19817	0.006
对体育的关注	县中民族班	县中汉族班	0.76297 *	0.27961	0.007
		市中普通班	0.94700 *	0.27462	0.001
	县中汉族班	市中民族班	－0.83797 *	0.24587	0.001
		乡中普通班	－0.76912 *	0.17384	0.000
	乡中普通班	市中普通班	0.95315 *	0.16570	0.000
	市中普通班	市中民族班	－1.02200 *	0.24018	0.000
对体育的认识	县中民族班	县中汉族班	0.60023 *	0.26916	0.027
		市中普通班	0.71937 *	0.26517	0.007
	县中汉族班	乡中普通班	－0.53649 *	0.16499	0.001
		市中民族班	－0.50222 *	0.23646	0.035
	乡中普通班	市中普通班	0.65563 *	0.15841	0.000
	市中普通班	市中民族班	－0.62136 *	0.23192	0.008

（二）乌鲁木齐市中学生心理健康状况分析

1. 乌鲁木齐市中学生心理健康问题检出情况

从心理健康检出情况看，心理健康的学生比例占了69.3%，存在轻度问题的学生占23.2%，中度和偏重问题的学生分别占了4.2%和0.3%，没有重度问题学生检出。从各分量表看，强迫因子、情绪不稳定因子、学习压力感因子、焦虑因子依次是检出问题比率较高的因子。检出重度问题的是焦虑因子2例，学习压力感因子3例，学习压力感偏重问题案例检出也较多，占了3.3%。说明该市中学生在应对学习压力方面问题是比较严重的。

表7　乌鲁木齐市中学生心理健康检出情况

	健康		轻度		中度		偏重		重度	
	n	%	n	%	n	%	n	%	n	%
强迫因子	185	55.1	112	33.3	36	10.7	3	0.9	0	0
偏执因子	247	73.5	66	19.6	20	6.0	3	0.9	0	0
人际关系敏感因子	246	73.2	72	21.4	16	4.8	2	0.6	0	0
敌对因子	260	77.4	56	16.7	18	5.4	2	0.6	0	0
抑郁因子	255	75.9	57	17.0	23	6.8	1	0.3	0	0
焦虑因子	218	64.9	77	22.9	34	10.1	5	1.5	2	0.6
学习压力感因子	197	58.6	83	24.7	42	12.5	11	3.3	3	0.9
适应不良因子	255	75.9	64	19.0	17	5.1	0	0	0	0
情绪不稳定因子	195	58.0	104	31.0	31	9.2	6	1.8	0	0
心理不平衡因子	272	81.0	53	15.8	9	2.7	2	0.6	0	0
心理健康总均分	233	69.3	78	23.2	14	4.2	1	0.3	0	0

但是本研究数据与2015年国内的两项使用相同测量工具的研究相比较，乌鲁木齐市中学生的心理健康问题检出率相比是较低的，说明乌鲁木齐市中学生心理健康状况良好。

表8　本研究与2015年两项研究心理健康问题检出率比较

	轻度			中度			偏重			重度		
	本研究%	研究1	研究2	本研究%	研究1	研究2	本研究%	研究1	研究2	本研究%	研究1	研究2
强迫因子	33.3	49.3	55	10.7	7.72	10	0.9	0.8	0.3	0	0	0
偏执因子	19.6	30.8	32.7	6.0	5.39	7.3	0.9	0.32	0.7	0	0	0
人际关系敏感因子	21.4	33.5	37.7	4.8	8.2	11.0	0.6	0.7	1.0	0	0	0
敌对因子	16.7	25.7	28.0	5.4	6.3	5.8	0.6	1.0	2.1	0	0	0
抑郁因子	17.0	31.3	33.8	6.8	6.4	8.0	0.3	1.0	1.0	0	0	0
焦虑因子	22.9	31.3	37.1	10.1	12.0	13.3	1.5	2.9	3.1	0.6	0	0
学习压力感因子	24.7	37.4	40.0	12.5	15.6	16.4	3.3	3.0	4.5	0.9	0	0
适应不良因子	19.0	33.4	39.2	5.1	9.3	10.0	0	0.5	1.2	0	0	0
情绪不稳定因子	31.0	38.9	40.8	9.2	10.5	11.7	1.8	1.5	1.4	0	0	0
心理不平衡因子	15.8	25.4	30.7	2.7	4.4	4.0	0.6	0.1	0.3	0	0	0
心理健康总均分	23.2	35.4	38.6	4.2	4.6	6.5	.3	0.1	0	0	0	0

2. 乌鲁木齐市不同性别中学生心理健康差异

对不同性别中学生的心理健康总均分进行独立样本t检验发现，不同性别中学生心理健康存在显著性差异（$p<0.05$）。从分量表上看，在偏执、焦虑、情绪不稳定三个因子上女生均显著高于男生

($p<0.05$)。

不同性别中学生与全国对应常模比较发现，心理健康总量表分数没有显著差异，从分量表上看，强迫因子、焦虑因子、情绪不稳定因子男女生均非常显著地高于全国常模（$p<0.01$）；偏执因子、敌对因子男女生与全国常模比较均没有显著差异；人际关系敏感因子男生与全国常模没有显著差异，女生显著低于全国常模（$p<0.01$）；抑郁因子、适应不良因子、心理不平衡因子男女生非常显著低于全国常模（$p<0.01$）；学习压力因子男生高于全国常模但是没有显著性差异，女生学习压力感显著高于全国常模（$p<0.01$）。

表9　不同性别中学生心理健康差异

	性别	N	均值	标准差	显著性	全国常模	显著性
强迫因子	男生	155	2.0484	0.51211	0.057	1.89	0.00
	女生	181	2.1777	0.69713		2.01	0.01
偏执因子	男生	155	1.6925	0.53423	0.005	1.73	0.383
	女生	181	1.8895	0.72483		1.89	0.878
人际关系敏感因子	男生	155	1.7742	0.60771	0.616	1.78	0.545
	女生	181	1.8085	0.63719		2.05	0.00
敌对因子	男生	155	1.6656	0.55358	0.277	1.65	0.543
	女生	181	1.7422	0.70938		1.81	0.200
抑郁因子	男生	155	1.7097	0.57511	0.085	1.86	0.001
	女生	181	1.8287	0.67253		2.08	0.00
焦虑因子	男生	155	1.8731	0.69452	0.008	1.63	0.00
	女生	181	2.0930	0.80110		1.90	0.001
学习压力感因子	男生	155	2.0602	0.82657	0.192	1.94	0.072
	女生	181	2.1814	0.86269		1.96	0.001

续表

	性别	N	均值	标准差	显著性	全国常模	显著性
适应不良因子	男生	155	1.6892	0.59764	0.163	1.93	0.00
	女生	181	1.7799	0.58761		1.93	0.00
情绪不稳定因子	男生	155	1.9871	0.56712	0.020	1.78	0.00
	女生	181	2.1593	0.74821		1.88	0.00
心理不平衡因子	男生	155	1.5935	0.51740	0.407	1.92	0.00
	女生	181	1.6464	0.63115		1.98	0.00
心理健康总均分	男生	155	1.8093	0.45033	0.036	1.82	0.769
	女生	181	1.9307	0.58505		1.96	0.766

3. 乌鲁木齐市不同民族中学生心理健康情况

对不同民族中学生心理健康得分进行单因素方差分析发现，从心理健康总量表上看，不同民族没有显著性差异，但在强迫、偏执和抑郁三个分量表上具有显著性差异（($p<0.05$)）。

表10　不同民族中学生心理健康差异分析

		平方和	df	均方	F	显著性
强迫因子	组间	3.095	3	1.032	2.715	0.045
	组内	126.166	332	0.380		
偏执因子	组间	4.890	3	1.630	3.954	0.009
	组内	136.871	332	0.412		
抑郁因子	组间	3.509	3	1.170	2.987	0.031
	组内	130.023	332	0.392		

对不同民族中学生心理健康具有差异的三个分量表进行多重比较，结果发现，在强迫因子和偏执因子上维吾尔族中学生分数显著

高于汉族、哈萨克族和回族（$p<0.05$），在抑郁因子上汉族显著高于哈萨克族（$p<0.05$）。

表 11　不同民族中学生心理健康多重比较结果

因变量	(I) 民族	(J) 民族	均值差（I－J）	标准误	显著性
强迫因子	维吾尔族	汉族	0.21533*	0.10123	0.034
		哈萨克族	0.50253*	0.20076	0.013
		回族	0.26515*	0.13143	0.044
偏执因子	维吾尔族	汉族	0.34733*	0.10543	0.001
		哈萨克族	0.47727*	0.20910	0.023
		回族	0.32576*	0.13689	0.018
抑郁因子	汉族	哈萨克族	0.45339*	0.18519	0.015

4. 城乡中学生心理健康差异

以中学生所在学校所属城乡（乡、县、市）为自变量，以心理健康为因变量进行单因素方差分析，发现心理健康总分上具有非常显著差异（$p<0.01$），从各分量表上看，强迫因子、抑郁因子具有显著性差异（$p<0.05$），人际关系敏感、敌对、焦虑、学习压力感、适应不良和情绪不稳定因子具有非常显著性差异（$p<0.01$）。偏执和心理不平衡因子没有显著性差异。

表 12　不同地区中学生心理健康差异

		N	均值	标准差	显著性
心理健康总均分	乡中	76	1.7371	0.45494	0.000
	县中	114	2.0507	0.56515	
	市中	146	1.8089	0.50413	

续表

		N	均值	标准差	显著性
强迫因子	乡中	76	2.0329	0.56570	0.045
	县中	114	2.2339	0.66730	
	市中	146	2.0719	0.60201	
偏执因子	乡中	76	1.6798	0.54485	0.078
	县中	114	1.8947	0.63465	
	市中	146	1.7854	0.70384	
人际关系敏感因子	乡中	76	1.6513	0.49753	0.002
	县中	114	1.9503	0.66294	
	市中	146	1.7432	0.62763	
敌对因子	乡中	76	1.5614	0.50979	0.000
	县中	114	1.9503	0.74797	
	市中	146	1.5925	0.55881	
抑郁因子	乡中	76	1.6842	0.58978	0.016
	县中	114	1.9108	0.66710	
	市中	146	1.7135	0.60955	
焦虑因子	乡中	76	1.8026	0.68891	0.001
	县中	114	2.1871	0.76782	
	市中	146	1.9372	0.76166	
学习压力感因子	乡中	76	1.9386	0.74478	0.002
	县中	114	2.3436	0.92790	
	市中	146	2.0525	0.79937	
适应不良因子	乡中	76	1.5197	0.53262	0.000
	县中	114	1.9868	0.64726	
	市中	146	1.6575	0.50922	

续表

		N	均值	标准差	显著性
情绪不稳定因子	乡中	76	1.9539	0.56542	0.000
	县中	114	2.3231	0.71858	
	市中	146	1.9555	0.64454	
心理不平衡因子	乡中	76	1.5461	0.50743	0.050
	县中	114	1.7266	0.63846	
	市中	146	1.5799	0.56230	

通过进一步进行多重比较，结果发现心理健康总分上，乡中学生得分和市中学生得分非常显著低于县中学生（$p<0.01$）（得分低者为心理健康水平更高，后同），乡中学生得分低于市中学生，但是没有显著差异。各分量表比较结果为，强迫因子、敌对因子上乡中和市中中学生显著低于县中中学生（$p<0.05$），乡中学生低于市中学生，但差异不显著。人际关系敏感因子、敌对因子、抑郁因子、焦虑因子、学习压力感因子、适应不良因子、情绪不稳定因子乡中和市中学生非常显著低于县中学生（$p<0.01$）。通过结果我们可以看出，中学生心理健康在地域上呈现乡中和市中中学生心理健康要好于县中中学生这样一种趋势。

表 13　城乡中学生心理健康差异多重比较结果

因变量	(I) 学校 乡县市	(J) 学校 乡县市	均值差 (I－J)	标准误	显著性
心理健康总均分	乡中	县中	－0.31367*	0.07633	0.000
		市中	－0.07184	0.07291	0.325
	县中	市中	0.24183*	0.06442	0.000

续表

因变量	(I) 学校乡县市	(J) 学校乡县市	均值差(I－J)	标准误	显著性
强迫因子	乡中	县中	－0.20102 *	0.09141	0.029
		市中	－0.03902	0.08731	0.655
	县中	市中	0.16200 *	0.07715	0.036
人际关系敏感因子	乡中	县中	－0.29898 *	0.09086	0.001
		市中	－0.09183	0.08678	0.291
	县中	市中	0.20714 *	0.07668	0.007
敌对因子	乡中	县中	－0.38889 *	0.09181	0.000
		市中	－0.03106	0.08769	0.723
	县中	市中	0.35783 *	0.07749	0.000
抑郁因子	乡中	县中	－0.22661 *	0.09262	0.015
		市中	－0.02926	0.08846	0.741
	县中	市中	0.19735 *	0.07817	0.012
焦虑因子	乡中	县中	－0.38450 *	0.11077	0.001
		市中	－0.13458	0.10581	0.204
	县中	市中	0.24992 *	0.09349	0.008
学习压力感因子	乡中	县中	－0.40497 *	0.12349	0.001
		市中	－0.11391	0.11795	0.335
	县中	市中	0.29106 *	0.10422	0.006
适应不良因子	乡中	县中	－0.46711 *	0.08364	0.000
		市中	－0.13780	0.07989	0.085
	县中	市中	0.32931 *	0.07059	0.000

续表

因变量	(I) 学校 乡县市	(J) 学校 乡县市	均值差 (I－J)	标准误	显著性
情绪不稳定因子	乡中	县中	－0.36915＊	0.09690	0.000
		市中	－0.00153	0.09255	0.987
	县中	市中	0.36762＊	0.08178	0.000
心理不平衡因子	乡中	县中	－0.18056＊	0.08558	0.036
		市中	－0.03386	0.08174	0.679
	县中	市中	0.14670＊	0.07223	0.043

5. 不同运动群体中学生心理健康情况

运动群体是指每周除体育课外参加体育锻炼2次以上，且每次持续的时间不低于30分钟，锻炼强度在中等强度以上的人群。通过独立样本的T检验发现，运动群体学生的心理健康总分显著低于非运动群体（$p<0.05$）。从各因子上看，强迫、偏执、敌对、抑郁、焦虑情绪不稳定维度上运动群体显著低于非运动群体（$p<0.05$）。说明运动群体中学生的心理健康状况更好，经常参加体育锻炼有利于促进中学生的心理健康，但是其作用也是有限的，仅对心理健康的五个方面影响显著。

表14　运动与非运动群体中学生心理健康情况表

	两组	均值	标准差	显著性
心理健康总均分	非体育群体	1.9435	0.56247	0.014
	体育群体	1.7993	0.48716	0.014
强迫因子	非体育群体	2.1854	0.65610	0.093
	体育群体	2.0687	0.59212	0.094

续表

	两组	均值	标准差	显著性
偏执因子	非体育群体	1. 8781	0. 73941	0. 020
	体育群体	1. 7101	0. 54191	0. 020
人际关系敏感因子	非体育群体	1. 8531	0. 64411	0. 089
	体育群体	1. 7354	0. 60120	0. 090
敌对因子	非体育群体	1. 7719	0. 69581	0. 036
	体育群体	1. 6242	0. 56088	0. 036
抑郁因子	非体育群体	1. 8688	0. 65514	0. 008
	体育群体	1. 6828	0. 60042	0. 008
焦虑因子	非体育群体	2. 1042	0. 80957	0. 003
	体育群体	1. 8596	0. 68371	0. 004
学习压力感因子	非体育群体	2. 1583	0. 83423	0. 386
	体育群体	2. 0778	0. 83992	0. 386
适应不良因子	非体育群体	1. 7875	0. 61400	0. 063
	体育群体	1. 6657	0. 56143	0. 063
情绪不稳定因子	非体育群体	2. 1594	0. 71236	0. 025
	体育群体	1. 9909	0. 63871	0. 026
心理不平衡因子	非体育群体	1. 6687	0. 60107	0. 161
	体育群体	1. 5778	0. 56505	0. 161

6. 中学生心理健康分析

国内关于中学生心理健康的研究表明，中学生心理健康检出率在10%—80%之间，由于研究对象不同，采用的工具不同，研究结果差异较大。与使用相同研究工具的两项研究比较，乌鲁木齐市中学生心理健康问题检出率相对较低，但是其心理健康问题检出率也高达30.7%，值得引起重视，需要给予必要的心理健康教育和辅导。

乌鲁木齐市男女中学生在心理健康水平上存在一定差异，主要体现在焦虑、情绪不稳定和偏执因子上，女生表现要差于男生，这与已有的部分研究结果较一致，说明这是一种普遍现象，女生这些心理品质需要给予特殊的关注。为了分析乌鲁木齐市中学生的心理健康特殊性，与不同性别全国中学生常模比较，发现在心理健康总量表分数上没有显著差异，说明总体来看乌鲁木齐市中学生心理健康状况还是正常的。但是在分量表上呈现了特殊性，强迫因子、焦虑因子、情绪不稳定因子男女学生健康水平显著低于全国中学生水平；抑郁因子、适应不良因子、心理不平衡因子男女生健康水平显著高于全国中学生水平；人际关系敏感方面女生健康水平高于全国水平；学习压力因子女生健康水平要显著低于全国水平；其他各维度男女生健康水平与全国水平一致。因此可以看出，乌鲁木齐市男女中学生心理健康存在的主要问题是强迫、焦虑和情绪不稳定三个方面，女生体现在学习压力方面，因此需要教育者在心理辅导和教育中给予一定的关注。

不同民族中学生在心理健康总量表上并没有显著差异，仅在三个分量表上存在显著性差异，维吾尔族中学生在强迫和偏执方面需要给予关注，而汉族学生需要在抑郁方面给予关注。

对来源于城市、县城和乡镇中学生的心理健康比较发现了有趣的结果，市、县、乡三级中，乡村中学生心理健康水平最高，其次是城市中学生，县城中学生心理健康水平最低。分析其中的原因可能是县城中学生处于一个中间状态，有学者认为城乡文化背景不同，生活其中的人们心理状态不同，这是受文化的差异影响。但是从心理健康上看，城乡是一种纯粹的文化环境，而县城处于两种文化的中间状态，这种状态可能导致他们具有高于乡镇的优势心理，而又有低于城市的自卑心理，从而导致了他们的矛盾心理，影响到整体的心理健康水平。

通过对不同运动群体中学生心理健康的比较，发现运动群体中学生心理健康状况显著高于非运动群体，这与已往的研究结果非常一致，但是也必须看到，运动群体学生仅在偏执因子、敌对因子、抑郁因子、焦虑因子和情绪不稳定因子上显著高于非运动群体，这与已往对体育锻炼心理健康效益的相关研究结论比较一致，可以认为运动在这 5 个方面对心理健康有作用，运动有利于中学生心理健康。

（三）中学生体育学习兴趣与心理健康之间的相关性

通过对所得数据进行相关性分析，发现中学生体育学习兴趣的消极兴趣、运动参与、自主探究学习、对体育的关注和对体育的认识维度与心理健康总分之间存在非常显著相关性（$P<0.01$）。

从心理健康各因子的角度看，强迫因子与体育学习兴趣没有显著相关。偏执因子得分与消极兴趣、运动参与、自主探究学习、对体育的关注和对体育的认识呈现显著负相关性（$P<0.01$）。人际关系敏感因子和心理不平衡与消极兴趣和运动参与显著相关（$P<0.01$）。抑郁因子、敌对因子、学习压力感因子、情绪不良因子与消极兴趣、运动参与、自主探究学习、对体育的关注和对体育的认识具有显著相关性（$P<0.01$）。适应不良因子、焦虑因子与消极兴趣、积极兴趣、运动参与、自主探究学习、对体育的关注和对体育的认识具有显著相关性（$P<0.01$）。

表 15　体育学习兴趣与心理健康相关性

		消极兴趣	积极兴趣	运动参与	自主与探究学习	对体育的关注	对体育的认识
心理健康总均分	Pearson相关性	-0.265**	-0.077	-0.233**	-0.166**	-0.205**	-0.207**
	显著性（双侧）	0.000	0.197	0.000	0.006	0.001	0.000
	N	278	281	275	275	278	283
强迫因子	Pearson相关性	-0.111	-0.017	-0.092	-0.045	-0.091	-0.049
	显著性（双侧）	0.065	0.770	0.130	0.462	0.132	0.415
	N	278	281	275	275	278	283
偏执因子	Pearson相关性	-0.202**	-0.084	-0.162**	-0.100	-0.148*	-0.141*
	显著性（双侧）	0.001	0.161	0.007	0.099	0.013	0.018
	N	278	281	275	275	278	283
人际关系敏感因子	Pearson相关性	-0.169**	0.008	-0.146*	-0.053	-0.114	-0.077
	显著性（双侧）	0.005	0.900	0.015	0.381	0.057	0.198
	N	278	281	275	275	278	283
敌对因子	Pearson相关性	-0.204**	-0.028	-0.137*	-0.136*	-0.154*	-0.168**
	显著性（双侧）	0.001	0.640	0.023	0.024	0.010	0.005
	N	278	281	275	275	278	283

续表

		消极兴趣	积极兴趣	运动参与	自主与探究学习	对体育的关注	对体育的认识
抑郁因子	Pearson 相关性	-0.201**	-0.033	-0.151*	-0.117	-0.143*	-0.158**
	显著性（双侧）	0.001	0.585	0.012	0.052	0.017	0.008
	N	278	281	275	275	278	283
焦虑因子	Pearson 相关性	-0.223**	-0.125*	-0.244**	-0.194**	-0.215**	-.246**
	显著性（双侧）	0.000	0.036	0.000	0.001	0.000	0.000
	N	278	281	275	275	278	283
学习压力感因子	Pearson 相关性	-0.255**	-0.068	-0.243**	-0.197**	-0.212**	-0.204**
	显著性（双侧）	0.000	0.257	0.000	0.001	0.000	0.001
	N	278	281	275	275	278	283
适应不良因子	Pearson 相关性	-0.328**	-0.169**	-0.264**	-0.193**	-0.219**	-0.263**
	显著性（双侧）	0.000	0.005	0.000	0.001	0.000	0.000
	N	278	281	275	275	278	283
情绪不稳定因子	Pearson 相关性	-0.209**	-0.054	-0.241**	-0.172**	-0.211**	-0.197**
	显著性（双侧）	0.000	0.366	0.000	0.004	0.000	0.001
	N	278	281	275	275	278	283

续表

		消极兴趣	积极兴趣	运动参与	自主与探究学习	对体育的关注	对体育的认识
心理不平衡因子	Pearson 相关性	-0.191**	-0.035	-0.154*	-0.072	-0.088	-0.115
	显著性（双侧）	0.001	0.559	0.011	0.234	0.143	0.054
	N	278	281	275	275	278	283

四、结果与讨论

乌鲁木齐市中学生心理健康总体较好，没有严重案例检出。但是在强迫因子、焦虑因子、情绪不稳定因子和学习压力感因子上问题相对较严重，健康率低于60%，在焦虑和学习压力感因子上有严重程度的学生检出，因此需要给予更多关注，尤其是学习压力感因子上，这是所有中学生需要面对的重要问题，在当前情况下虽然不能很好地解决，但是需要教育工作者给予更多的关注，使学生保持在一个可控的状态。

中学生心理健康的性别差异表现在偏执、焦虑和情绪不稳定因子上，女生得分显著高于男生，说明女生在心理健康的这几个维度上的表现要差于男生，女生在这几个方面需要给予更多的关注。这与以往的研究结果相似，这一现象是由性别差异造成的，因此，在心理健康的辅导和教育上应该注意性别特点与差异。

中学生心理健康总分在民族上没有显著差异，说明不同民族的学生都面临着同样的心理状况，但是在分量表的抑郁因子、偏执因子和强迫症因子上具有显著差异，说明由于民族特点，在这三个因子上不同民族中学生具有一定的差异性，需要给予关注。这与我国部分关于少数民族中学生心理健康研究结果相似。

乌鲁木齐市中学生在不同学校和不同地区之间的差异非常显著。总体上表现在县城中学生的心理健康水平要低于城市和乡村的中学生，部分民族班学生心理健康水平要低于其他班的学生。这是一个有趣的现象，学生心理健康水平偏低的是县城的学生，分析原因可能是县城的学生处在一个压力较大的环境中，他们对未来要求比较高，但是环境对他们又有很多限制，因此可能产生较大的心理压力。在县级中学教育中可能更多地关注于学生学习成绩的好坏，心理健康教育可能被忽视，从而导致学生的心理健康水平较低。

中学生运动群体比非运动群体的心理健康水平要显著的高，说明运动对中学生的心理健康具有重要影响，这与以往的对不同群体的心理健康研究结果是一致的。

体育学习兴趣是学生在体育学习中积极程度的表现。从各维度得分上看，学生的消极兴趣得分最高，超过 4 分，对体育的关注分数最低，低于 3 分。体育学习消极兴趣是指在体育学习中的消极表现，例如“在体育课上，我经常不参与活动”；“体育课让我感到枯燥无味”，消极兴趣是反向记分，因此分数越高，说明消极的现象越少。积极兴趣是指学生积极参与体育学习的表现，例如“我的心里老盼着上体育课”；“我觉得体育课很有趣，非常吸引人”。可以看出，学生消极兴趣高于体育学习的积极兴趣。学生消极兴趣高于积极兴趣说明学生并不排斥体育学习和运动，但是积极性也不是很高，仅仅处于中等偏上的水平。而其他维度中对体育的关注度很低，说明学生对体育运动相关信息涉猎很少。

从性别上看，男生体育学习兴趣显著高于女生，这与性别差异有关，男生喜欢运动，而女生相对喜欢安静，这与现实情况比较符合。

体育学习兴趣针对不同民族具有非常显著性的差异，少数民族学生的体育学习兴趣非常显著地高于汉族学生。乌鲁木齐市的少数民族主要以维吾尔族、哈萨克族和回族为主，这些民族拥有爱好运动的传统，具有很好的运动文化氛围，而汉族学生相对在体育方面没有那么浓厚的兴趣，运动参与程度比较低。

不同类型学校学生的体育学习兴趣有着很大差异。从各维度统计结果可以看出这样的规律：乡村中学学生的体育学习兴趣高于县级中学，而县级中学学生的体育学习兴趣要高于市级中学学生的体育学习兴趣，少数民族中学生的体育学习兴趣要高于汉族学生。

通过相关分析发现，乌鲁木齐市中学生体育学习兴趣与中学生心理健康存在着显著的相关性。已有研究表明，体育运动对心理健康具有积极的效益，经常参加体育运动和体育锻炼能够缓解抑郁，促进人的心理健康发展，但是体育学习兴趣与心理健康的相关研究较少。本文所采用的体育学习兴趣量表涵盖了体育运动积极和消极兴趣，还包括运动参与、自主与探究学习、对体育的关注和对体育的认识等维度，体育学习兴趣与中学生心理健康相关很可能是由于体育学习兴趣与体育运动相关，而体育运动对心理健康具有重要的积极影响，因此体育学习兴趣与中学生的心理健康也具有相关性。

五、结论与建议

乌鲁木齐市中学生心理健康现状较好，但是在情绪不稳定和学习压力感上需要给予一定关注。中学生心理健康存在性别差异。不同地区和不同类型学校中学生心理健康存在差异。不同民族中学生在心理健康几个方面存在一定差异。中学生体育学习兴趣较高，但是对体育关注情况不理想。乌鲁木齐市中学生的心理健康和体育学习兴趣存在显著相关性。

建议在中学生心理健康教育中更加重视不同性别学生的差异性教育。不同地区和类型学校要依据学生特点给予不同心理健康教育与指导。在体育教学中要重视学生体育学习兴趣的培养，这样不仅有利于取得良好的教学效果，也有利于促进学生的心理健康。

参考文献

1. 汪晓赞．我国中小学体育学习评价改革的研究［D］．博士论文．2005.6.

2. 柴娇．近20年国内外体育学习兴趣研究综述［J］．体育学刊．2014.11.

3. 王极盛．中国中学生心理健康量表的编制及其标准化［J］．社会心理科学．1997.4.

4. 周慧，雷金宝等．中学生心理健康状况调查．浙江预防医学［J］．2014.12.

5. 孙路平，葛秋风，郭辽朴．漯河市1514名中学生心理健康状况调查［J］．河南预防医学杂志．2015.26（1）．

6. 杨翠平．濮阳市中学生心理健康现况分析［J］．河南预防医学杂志．2015年第26卷第2期．

张涛，中央民族大学体育学院院长，教授，研究方向：少数民族传统体育

研究报告五：新疆青少年身心发展之身体素质研究

——乌鲁木齐市三所中学学生身体素质比较研究

董文梅　张　涛

（中央民族大学，北京，100081）

一、研究目的与意义

新疆青少年身心发展的研究重点之一是青少年身体素质的研究。近年来，国家对青少年的身体素质更加重视，每年定期进行《国家青少年体质健康标准》的测试，数据分析报告显示了青少年身体素质发展的整体水平。针对新疆青少年身体素质的现状，学者们分别从各个民族的角度进行了大样本量的分析，为后续的研究提供了可借鉴的思路。但总体研究趋于对大样本量群体的描述性分析，缺乏更加细致的、结合学校学生特点的比较分析。

本研究立足于获取真实数据，抽样的乌鲁木齐市三所中学的数据分别为现场收集、教师的第一手测试资料即测试结果是教师手工填写的纸制表格。选取三所中学为新疆师范大学附中、新疆建设兵团第二中学和新疆乌鲁木齐市第七中学，大致分为三个层次：新疆维吾尔自治区示范性高级中学、兵团示范性高级中学和普通中学。选取九年义务教育阶段八年级学生作为研究对象。在获取真实数据的基础上，分析三所学校2014年和2015年八年级学生体质健康测试的身体素质数据，应用SPSS统计学分析软件中方差分析、独立样本T检验等方法，在呈现各学校优秀率、及格率及其变化的同时，比较三所学校学生在身体素质方面是否具有显著的差异并初步解析原因。同时，本研究进行追踪研究，对三所学校八年级学生身体素质的变化是否呈现显著性差异进行研究。本研究主要想解决的问题为：1. 三所学校中八年级学生身体素质的真实状况如何？2. 三所学校学生的身体素质各项指标是否呈现显著性差异？原因何在？3. 2014年、2015年三所学校学生的身体素质各项指标是否会有变化？

二、研究对象与方法

（一）研究对象

本次调查研究选取乌鲁木齐市三所中学义务教育阶段八年级学生作为研究对象，分析学生们依据《国家学生体质健康标准》所测得的身体素质测试项目的数据。

新疆师范大学附属中学（简称师大附中）建于1984年，是隶属于新疆师范大学的国办12年一贯制民汉完全中学。2006年获得自治区级示范性高级中学和德育示范校称号。同时师大附中还是自治区、乌鲁木齐市、新市区三级教材教法、教改实验、课程改革实验的样本校之一。

新疆生产建设兵团第二中学（简称兵团二中）始建于1951年，

其前身是一所随军子弟学校，是一所集小学、初中、高中三个学部为一体的十二年一贯制完全中学。2006 年被命名为兵团示范性高级中学，兵团二中直接隶属于兵团教育局。

乌鲁木齐市第七中学于 1962 年 9 月成立，第七中学是一所有近 50 年历史的老学校，原为一所完全中学，1994 年为了缓解市中心区义务教育阶段学生超员压力，满足中心区学生就近入学需要，改为初级中学。

（二）测试法

根据《国家学生体质健康标准》中的测试项目进行测试，八年级男生测试 50 米跑、引体向上、坐位体前屈、立定跳远和 1000 米跑。八年级女生测试 50 米跑、仰卧起坐、坐位体前屈、立定跳远和 800 米跑。测试时课题组人员在现场参与或在测试结束后由体育教师将测试的原始数据交给课题组。

（三）数理统计法

运用 Spss19.0 分析 2014 年、2015 年三所中学八年级学生的身体素质数据。运用方差检验三所学校八年级学生的各项身体素质是否具有显著性差异，运用 Post Hoc Test 进一步进行两两之间的比较；运用独立样本 T 检验分析同一学校 2014 年和 2015 年学生身体素质的变化等。

三、研究结果与分析

（一）2014 年、2015 年三所学校男生身体素质的基本状况分析

表 1　2014 年、2015 年三所学校男生身体素质的基本状况

年份	项目	中学	样本量	均值	标准差	优秀率	良好率	及格率
2014	立定跳远（厘米）	师大附中	149	189	30	8.7%	24.8%	83.2%
		第七中学	69	194	23	4.1%	19.4%	63.3%
		兵团二中	161	180	29	5%	19.3%	62.1%
	坐位体前屈（厘米）	师大附中	149	4.9	7	2.7%	15.4%	79.9%
		第七中学	98	5.7	6.2	5.1%	16.3%	88.8%
		兵团二中	161	4.9	6.8	5%	13.7%	83.2%
	50 米（秒）	师大附中	149	8.9	5.7	18.8%	30.9%	90.6%
		第七中学	98	7.9	1.3	48%	53.1%	95.9%
		兵团二中	161	8.6	0.9	18%	22.4%	90.7%
	引体向上（个）	师大附中	148	4	5	11.4%	14.1%	35.6%
		第七中学	69	5	5	10.2%	18.4%	28.6%
		兵团二中	161	3	3	1.2%	6.8%	29.8%
	1000 米（秒）	师大附中	149	311.6	51	4%	10.1%	51%
		第七中学	96	293.8	43	5.1%	15.3%	64.3%
		兵团二中	161	316.9	51	6.2%	11.2%	42.9%

续表

年份	项目	中学	样本量	均值	标准差	优秀率	良好率	及格率
2015	立定跳远（厘米）	师大附中	100	201	32	13%	42%	89%
		第七中学	105	201	22	15.2%	40%	93.3%
		兵团二中	78	191	28	7.7%	21.8%	80.8%
	坐位体前屈（厘米）	师大附中	100	6	6	5%	25%	89%
		第七中学	105	7	6	8.6%	40%	88.6%
		兵团二中	78	8	8	10.3%	40%	92.3%
	50 米（秒）	师大附中	100	8.5	1.1	15%	33%	88%
		第七中学	105	8.2	1.1	33.3%	41%	96.2%
		兵团二中	78	7.9	0.9	41%	53.8%	98.7%
	引体向上（个）	师大附中	100	5	5	10%	13%	44%
		第七中学	105	4	4	6.7%	14.3%	33.3%
		兵团二中	78	2	3	0%	2.6%	11.5%
	1000 米（秒）	师大附中	100	300.2	51	6%	16%	69%
		第七中学	105	279.1	39	18.1%	33.3%	77.1%
		兵团二中	78	268.7	40	30.8%	48.7%	83.3%

从表 1 中可以看出，整体上 2014 年三所中学的八年级男生身体素质各项测试数值，引体向上、1000 米跑的成绩都非常差，立定跳远、坐位体前屈的成绩基本合格，50 米跑的成绩比较好。这说明三所学校的男生耐力和上肢、腰腹力量素质、下肢力量和柔韧素质一般，速度素质比较好。具体的分析如下：

2014 年师大附中八年级男生引体向上的均值为 4 ±5，及格率为 35.6%；第七中学八年级男生引体向上的均值为 5 ±5，及格率为 28.6%；兵团二中八年级男生引体向上的均值为 3 ±3，优秀率为

1. 2%，及格率为 28. 6%，从三所学校八年级男生引体向上极低的平均数值和及格率来看，三所学校八年级男生的上肢和腰腹力量非常差。师大附中八年级男生 1000 米跑的均值为 5’11” ±51”，优秀率为 4%，良好率为 10. 1%，及格率为 51%；第七中学八年级男生 1000 米跑的均值为 4’54” ± 43”，优秀率为 5. 1%，良好率为 15. 3%，及格率为 64. 3%；兵团二中八年级男生 1000 米跑的均值为 5’17” ± 51”，优秀率为 6. 2%，良好率为 11. 2%，及格率为 42. 9%，从三所学校八年级男生 1000 米较差的平均数值和比较低的优秀率、良好率和达标通过率来看，三所学校八年级男生的耐力素质较差，需要在体育课及课外体育活动中有效地进行练习。

2014 年师大附中八年级男生立定跳远均值为 189 ±30 厘米，第七中学八年级男生立定跳远均值为 194 ±23 厘米，兵团二中八年级男生立定跳远均值为 180 ±29 厘米，优秀率、良好率和及格率比率呈合理分布趋势，由此看出三所中学八年级男生的下肢力量情况良好。师大附中八年级男生坐位体前屈均值为 4. 9 ±7 厘米，优秀率为 2. 7%，良好率为 15. 4%；第七中学八年级男生坐位体前屈均值为 5. 7 ±6. 2 厘米，优秀率为 5. 1%，良好率为 16. 3%；兵团二中八年级男生坐位体前屈均值为 4. 9 ±6. 8 厘米，优秀率为 5%，良好率为 13. 7%，三所学校八年级男生的坐位体前屈及格率良好，但优秀率和良好率较低，这也说明学生们的柔韧性素质一般，在体育课和课外体育活动过程中也应有意识地加强练习。三所学校八年级男生的 50 米跑的成绩及格率较高，这说明学生们速度素质较好。

从表 1 还可以看出，整体上 2015 年三所中学八年级男生的身体素质各项测试数值，引体向上的成绩非常差，1000 米的成绩平均水平好于 2014 年，但还是有待提高。立定跳远、坐位体前屈的成绩合格，50 米跑的成绩比较好。

2015 年师大附中八年级男生引体向上的均值为 5 ±5，及格率为 40%；第七中学八年级男生引体向上的均值为 5 ± 5，及格率为 28.6%；兵团二中八年级男生引体向上的均值为 3 ±3，优秀率为 1.2%，及格率为 28.6%，从三所学校八年级男生引体向上极低的平均数值和及格率来看，三所学校八年级男生的上肢和腰腹力量仍然非常差。师大附中八年级男生 1000 米跑的均值为 5’ ±51”，优秀率 6%，良好率 16%，及格率 69%；第七中学八年级男生 1000 米的均值为4’ 39” ±39”，及格率为 77.1%；兵团二中八年级男生 1000 米的均值为 4’ 29” ±40”，这说明三所学校的男生耐力素质较差，从优秀率和及格率来看，师大附中的男生们更差一些。

2015 年三所中学的立定跳远与坐位体前屈的均值及及格率情况良好，说明三所学校男生们的下肢力量和柔韧性基本达到了《国家学生体质健康标准》的要求。50 米跑的成绩三所学校都比较好，这说明八年级男生们具有良好的速度素质。

（二）2014 年、2015 年三所学校女生身体素质的基本状况分析

表 2　2014 年、2015 年三所学校女生身体素质的基本状况

年份	项目	中学	样本量	均值	标准差	优秀率	良好率	及格率
2014	立定跳远（厘米）	师大附中	144	165	18	3%	29.3%	84.4%
		第七中学	80	153	19	4.1%	13.1%	53.5%
		兵团二中	139	161	19	8.6%	27.3%	85.6%
	坐位体前屈（厘米）	师大附中	144	10.8	7.7	2.7%	29.3%	87.1%
		第七中学	95	10.1	6.1	5.1%	17.2%	84.8%
		兵团二中	139	11.1	6.1	9.4%	25.2%	92.1%

续表

年份	项目	中学	样本量	均值	标准差	优秀率	良好率	及格率
	50 米（秒）	师大附中	144	9.2	1	8.8%	27.9%	97.3%
		第七中学	95	9.5	1.3	14.1%	32.3%	81.8%
		兵团二中	139	9.3	0.8	6.5%	23%	97.1%
	仰卧起坐（个）	师大附中	143	33	5	2.7%	15%	93.9%
		第七中学	79	35	5	10.1%	15.2%	76.8%
		兵团二中	139	33	3	2.9%	19.4%	97.1%
	800 米（秒）	师大附中	142	254.4	36	15%	38.1%	87.3%
		第七中学	92	257.8	27	7.1%	21.2%	87.6%
		兵团二中	139	268.6	39	3.6%	19.4%	79.1%
2015	立定跳远（厘米）	师大附中	93	168	19	16.1%	34.4%	90.3%
		第七中学	99	168	15	9.1%	36.4%	93.9%
		兵团二中	99	157	20	8.1%	21.2%	74.7%
	坐位体前屈（厘米）	师大附中	93	10.1	6	15.1%	21.5%	82.8%
		第七中学	99	13.3	6	14.1%	41.4%	94.9%
		兵团二中	99	12.9	5	13.1%	33.3%	98%
	50 米（秒）	师大附中	93	9.3	0.7	8.6%	24.7%	97.8%
		第七中学	99	9.3	0.8	5.1%	26.3%	93.9%
		兵团二中	99	9.3	1.1	12.1%	29.3%	92.9%
	仰卧起坐（个）	师大附中	93	31	7	3.2%	9.7%	94.6%
		第七中学	99	36	6	6.1%	22.2%	99%
		兵团二中	99	35	7	8.1%	20.2%	97%
	800 米（秒）	师大附中	93	259.6	38	12.9%	23.7%	86%
		第七中学	99	253.4	26	9.1%	33.3%	90.9%
		兵团二中	99	250.0	31	22.2%	45.5%	91.9%

从表2可以看出，整体上2014年三所中学八年级女生身体素质各项测试数值，耐力素质和力量素质稍差，柔韧素质和腰腹力量素质较好，速度素质最好。具体的分析如下：2014年师大附中八年级女生800米的均值为4’14” ±36”，及格率为87.3%；第七中学八年级女生800米的均值为4’18” ±27”，良好率为21.2%，优秀率为7.1%；兵团二中八年级女生800米的均值为4’29” ±39”，良好率为19.4%，优秀率为3.6%，从三所学校八年级女生800米极低的优秀率和良好率来看，三所学校八年级女生的耐力素质仍需提高。

2014年师大附中八年级女生立定跳远的均值为165±18厘米，优秀率为3%，良好率为29.3%，及格率为84.4%；第七中学八年级女生立定跳远的均值为153±19厘米，优秀率为4.1%，良好率为13.1%，及格率为53.5%；兵团二中八年级女生立定跳远的均值为161±19厘米，优秀率为8.6%，良好率为27.3%，及格率为85.6%，从比较低的优秀率和及格率可以看出，三所学校的女生下肢力量一般，第七中学女生的下肢力量更差一些，需要在体育课和课外体育活动中加强练习。同时，从三所学校女生仰卧起坐的及格率来看，女生们达到及格标准不难，但从优秀率看，三所学校分别为2.7%、10.1%和2.9%，良好率三所学校分别为15%、15.2%和19.4%，较低的及格率和良好率说明大多数学生的水平仅仅及格，真正腰腹力量较好的学生少，这同样需要引起重视，并加强腰腹力量的专项技能学习或身体练习。

从2014年三所学校八年级女生的坐位体前屈测试成绩可以看出，大部分学生能够达到及格标准，但优秀率不高，三所中学分别为2.7%，5.1%和9.4%，说明女生的柔韧性素质一般，在体育课的准备活动或平时的锻炼之前仍需加强练习。三所学校八年级女生 50 米跑的成绩较好，说明三所学校八年级女生的速度素质较好。

从表 2 可以看出，2015 年三所学校八年级女生各项身体素质测试的及格率较 2014 年有所提升，立定跳远和 800 米项目的良好率和优秀率较 2014 年有所提高。具体的分析如下：2015 年师大附中八年级女生 800 米的均值为 4’20”±38”，及格率为 86%；第七中学八年级女生 800 米的均值为 4’14”±26”，及格率为 90.9%；兵团二中八年级女生 800 米的均值为 4’10”±31”，及格率为 91.9%，三所学校八年级女生较 2014 年三所学校八年级女生成绩略好，由此可以看出在过去的一年中三所学校都在平时加强了耐力素质的练习。

2015 年三所学校女生立定跳远的成绩也较 2014 年三所学校女生立定跳远的成绩有所提升，兵团二中八年级女生的立定跳远成绩较前两所学校有差距，平均值为 157 ± 20 厘米，优秀率为 8.1%，良好率为 21.2%，及格率为 74.7%，由此说明兵团二中在体育课教学和课外体育锻炼活动中需要加强与提高耐力素质相关的技能学习或身体练习。三所学校八年级女生及格率较高，但良好率较低，分别为 9.7%，22.2% 和 20.2%；优秀率分别为 3.2%，6.1% 和 8.1%，由此说明三所学校八年级大部分女生腰腹力量达到及格，但腰腹力量较强的较少，仍需引起重视并在平时加强练习。

2015 年三所学校八年级女生坐位体前屈的成绩较好，说明学生们的柔韧性素质较好。三所学校八年级女生 50 米跑的成绩较好，说明学生们具有较好的速度素质。

（三）2014年三所学校男生身体素质各项指标的差异性分析

表3　2014年、2015年三所学校男生身体素质各项指标的ANOVA分析

年份	项目		平方和	df	均方	F	Sig.
2014	立定跳远	组间	13128.417	2	6564.208	7.994	0.000
		组内	308732.844	376	821.097		
	坐位体前屈	组间	118.459	2	59.23	1.286	0.278
		组内	18659.508	405	46.073		
	50米	组间	61.326	2	30.663	2.352	0.097
		组内	5280.836	405	13.039		
	引体向上	组间	310.290	2	155.145	7.778	0.000
		组内	7479.755	375	19.946		
	1000米	组间	33058.705	2	16529.353	6.692	0.001
		组内	995352.595	403	2469.858		
2015	立定跳远	组间	4378.286	2	2189.143	2.841	0.060
		组内	215785.629	280	770.663		
	坐位体前屈	组间	194.075	2	97.029	1.949	0.144
		组内	13937.762	280	49.778		
	50米	组间	12.166	2	6.083	6.505	0.002
		组内	261.840	280	0.935		
	引体向上	组间	479.066	2	239.533	14.743	0.000
		组内	4552.549	280	16.259		
	1000米	组间	47015.728	2	23507.864	11.881	0.000
		组内	554025.339	280	1978.662		

从表3可以看出，通过对2014年三所学校八年级男生身体素质各项指标进行单因素方差分析，立定跳远F值为7.994，sig.值为

0.000，P<0.05，三所学校八年级男生立定跳远成绩呈显著性差异；引体向上F值为7.778，sig.值为0.000，P<0.05，三所学校八年级男生引体向上成绩呈显著性差异；1000米F值为6.692，sig.值为0.001，P<0.05，三所学校八年级男生1000米成绩呈显著性差异。三所学校八年级男生50米、坐位体前屈成绩呈非显著性差异。

从表3还可以看出，通过对2015年三所学校八年级男生身体素质各项指标进行单因素方差分析，50米F值为6.505，sig.值为0.002，P<0.05，三所学校八年级男生50米成绩呈显著性差异；引体向上F值为14.743，sig.值为0.000，P<0.05，三所学校八年级男生引体向上成绩呈显著性差异；1000米F值为11.881，sig.值为0.000，P<0.05，三所学校八年级男生1000米成绩呈显著性差异。

（四）2014年、2015年三所学校八年级男生身体素质呈显著性差异指标的多重比较分析

继续对通过ANOVA检验结果中呈现显著性差异的指标进行多重比较的两两比较分析，包括2014年三所学校八年级男生的引体向上、立定跳远和1000米；2015年三所学校八年级男生的50米、引体向上和1000米。

表4　2014年、2015年三所学校男生呈显著性差异指标的两两比较分析

年份	因变量	学校（I）	学校（J）	均值差（I-J）	标准误	Sig.
2014	引体向上	师大附中	第七中学	-1.003	0.651	0.124
			兵团二中	1.368*	0.509	0.007
		第七中学	师大附中	1.003	0.651	0.124
			兵团二中	2.371*	0.643	0.000
		兵团二中	师大附中	-1.368*	0.509	0.007
			第七中学	-2.371*	0.643	0.000

续表

年份	因变量	学校（I）	学校（J）	均值差（I－J）	标准误	Sig.
	立定跳远	师大附中	第七中学	－5.19054	4.17261	0.214
			兵团二中	9.67281*	3.25741	0.003
		第七中学	师大附中	5.19054	4.17261	0.214
			兵团二中	14.86335*	4.12310	0.000
		兵团二中	师大附中	－9.67281*	3.25741	0.003
			第七中学	－14.86335*	4.12310	0.000
	1000米	师大附中	第七中学	17.745*	6.504	0.007
			兵团二中	－5.337	5.650	0.345
		第七中学	师大附中	－17.745*	6.504	0.007
			兵团二中	－23.082*	6.408	0.000
		兵团二中	师大附中	5.337	5.650	0.345
			第七中学	23.082*	6.408	0.000
2015	50米	师大附中	第七中学	0.25579	0.13512	0.059
			兵团二中	0.52599*	0.14608	0.000
		第七中学	师大附中	－0.25579	0.13512	0.059
			兵团二中	0.27020	0.14455	0.063
		兵团二中	师大附中	－0.52599*	0.14608	0.000
			第七中学	－0.27020	0.14455	0.063
	引体向上	师大附中	第七中学	0.174	0.563	0.758
			兵团二中	－2.996*	0.609	0.000
		第七中学	师大附中	－0.174	0.563	0.758
			兵团二中	2.882*	0.603	0.000
		兵团二中	师大附中	－2.996*	0.609	0.000
			第七中学	－2.882*	0.603	0.000

续表

年份	因变量	学校（I）	学校（J）	均值差（I－J）	标准误	Sig.
	1000 米	师大附中	第七中学	21.077*	6.215	0.001
			兵团二中	31.518*	6.720	0.000
		第七中学	师大附中	－21.077*	6.215	0.001
			兵团二中	10.441	6.649	0.117
		兵团二中	师大附中	－31.518*	6.720	0.000
			第七中学	－10.441	6.649	0.117

从表4可以看出，通过对2014年三所学校八年级男生呈现显著性差异的项目继续进行两两比较发现，引体向上均值师大附中与兵团二中比较，sig. 值为0.007，$p<0.05$；第七中学与兵团二中比较，sig. 值为0.000，$p<0.05$，兵团二中与师大附中、第七中学八年级男生的引体向上成绩呈显著性差异，进一步从均值差中看出，第七中学引体向上成绩好于兵团二中，师大附中引体向上成绩好于兵团二中。立定跳远均值师大附中与兵团二中比较，sig. 值为0.003，$p<0.05$；第七中学与兵团二中比较，sig. 值为0.000，$p<0.05$，兵团二中与师大附中、第七中学八年级男生的立定跳远成绩呈显著性差异，进一步从均值差中看出，第七中学的立定跳远成绩好于兵团二中，师大附中的立定跳远成绩也好于兵团二中。1000米均值师大附中与第七中学比较，sig. 值为0.007，$p<0.05$；第七中学与兵团二中比较，sig. 值为0.000，$p<0.05$，第七中学与师大附中、兵团二中八年级男生1000米的成绩呈显著性差异，第七中学的1000米成绩好于师大附中和兵团二中。由以上的分析可以看出，第七中学引体向上、立定跳远和1000米成绩均好于师大附中和兵团二中，探究其原因可能与普通中学学习压力较小，身体活动时间较多有关。

从表4还可以看出，通过对2015年三所学校八年级男生呈现显著性差异的项目继续进行两两比较发现，引体向上的均值比较兵团二中与师大附中、第七中学呈现显著性差异，sig. 值均为0.000，$p < 0.05$。师大附中、第七中学的成绩好于兵团二中。50米的均值比较师大附中与兵团二中呈现显著性差异，sig. 值均为0.000，$p < 0.05$，师大附中的此项成绩好于兵团二中。1000米均值的比较，师大附中与第七中学、兵团二中呈显著性差异，sig. 值分别均为0.001、0.001，$p < 0.05$，师大附中和第七中学的1000米成绩好于兵团二中。由以上的分析可以看出，兵团二中的引体向上、立定跳远和1000米成绩均比师大附中和第七中学差，学校需要对提高学生的身体素质引起重视，保障体育课和课外体育活动的按时开展，努力提高学生们的锻炼意识。

（五）2014年、2015年三所学校女生身体素质各项指标的差异性分析

表5　2014年、2015年三所学校女生身体素质各项指标的ANOVA分析

年份	项目		平方和	df	均方	F	Sig.
2014	立定跳远	组间	6997.144	2	3498.572	9.989	0.000
		组内	126086.865	360	350.241		
	坐位体前屈	组间	60.368	2	30.184	0.615	0.522
		组内	17392.626	375	46.380		
	50米	组间	6.206	2	30.663	2.891	0.057
		组内	402.560	375	1.073		
	仰卧起坐	组间	132.158	2	66.092	1.12	0.328
		组内	21134.403	358	59.035		
	800米	组间	15233.922	2	7616.961	6.227	0.002
		组内	452585.177	370	1223.203		

续表

年份	项目		平方和	df	均方	F	Sig.
2015	立定跳远	组间	8114. 220	2	4057. 110	12. 537	0. 000
		组内	93197. 993	288	323. 604		
	坐位体前屈	组间	556. 874	2	278. 437	6. 845	0. 001
		组内	11715. 797	288	40. 68		
	50 米	组间	0. 045	2	0. 022	0. 026	0. 974
		组内	249. 415	288	0. 866		
	仰卧起坐	组间	1052. 098	2	2263. 587	2. 129	0. 121
		组内	14854. 527	288	1063. 304		
	800 米	组间	4527. 173	2	526. 049	2. 129	0. 121
		组内	306231. 452	288	51. 578		

从表 5 可以看出，通过对 2014 年三所学校八年级女生身体素质各项指标进行单因素方差分析，立定跳远 F 值为 9. 989，sig. 值为 0. 000，P < 0. 05，三所学校八年级女生立定跳远成绩呈显著性差异；800 米 F 值为 6. 227，sig. 值为 0. 002，P < 0. 05，三所学校八年级女生 800 米成绩呈显著性差异。

从表 5 还可以看出，通过对 2015 年三所学校八年级女生身体素质各项指标进行单因素方差分析，立定跳远 F 值为 12. 537，sig. 值为 0. 000，P < 0. 05，三所学校八年级女生立定跳远成绩呈显著性差异；坐位体前屈 F 值为 6. 845，sig. 值为 0. 001，P < 0. 05，三所学校八年级女生坐位体前屈成绩呈显著性差异。

（六）2014 年、2015 年三所学校八年级女生身体素质呈显著性差异指标的多重比较分析

继续对通过 ANOVA 检验结果中呈现显著性差异的指标进行多重比较的两两比较分析，包括 2014 年三所学校八年级女生的立定跳远和 800 米；2015 年三所学校八年级女生的立定跳远、坐位体前屈。

表 6　2014 年、2015 年三所学校女生呈显著性差异指标的两两比较分析

年份	因变量	学校（I）	学校（J）	均值差（I－J）	标准误	Sig.
2014	立定跳远	师大附中	第七中学	11.60278*	2.60964	0.000
			兵团二中	3.21753	2.22530	0.149
		第七中学	师大附中	－11.60278*	2.60964	0.000
			兵团二中	－8.38525*	2.62635	0.002
		兵团二中	师大附中	－3.21753	2.22530	0.149
			第七中学	8.38525*	2.62635	0.002
	800 米	师大附中	第七中学	－3.413	4.681	0.466
			兵团二中	－14.274*	4.173	0.001
		第七中学	师大附中	3.413	4.681	0.466
			兵团二中	－10.861*	4.701	0.021
		兵团二中	师大附中	14.274*	4.173	0.001
			第七中学	10.861*	4.701	0.021

续表

年份	因变量	学校（I）	学校（J）	均值差（I－J）	标准误	Sig.
2015	立定跳远	师大附中	第七中学	0.35451	2.59776	0.892
			兵团二中	11.32421*	2.59776	0.000
		第七中学	师大附中	－0.35451	2.59776	0.892
			兵团二中	10.96970*	2.55685	0.000
		兵团二中	师大附中	－11.32421*	2.59776	0.000
			第七中学	－10.96970*	2.55685	0.000
	坐位体前屈	师大附中	第七中学	－3.189*	0.921	0.002
			兵团二中	－2.674*	0.921	0.012
		第七中学	师大附中	3.189*	0.921	0.002
			兵团二中	0.515	0.9065	1.000
		兵团二中	师大附中	2.674*	0.921	0.012
			第七中学	－0.515	0.9065	1.000

从表 6 可以看出，通过对 2014 年三所学校八年级女生呈现显著性差异的项目继续进行两两比较发现，立定跳远均值第七中学与师大附中、兵团二中比较，sig. 值分别为 0.000，0.002，$p<0.05$，第七中学与师大附中、兵团二中八年级女生的立定跳远成绩呈显著性差异，进一步从均值差中看出，第七中学仰卧起坐成绩差于兵团二

中和师大附中。800米均值的比较，师大附中与兵团二中呈现显著性差异，sig值为0.001，师大附中800米成绩好于兵团二中。

从表6还可以看出，通过对2015年三所学校八年级女生呈现显著性差异的项目继续进行两两比较发现，立定跳远均值兵团二中与师大附中、第七中学比较，sig. 值均为0.000，$p<0.05$，兵团二中与师大附中、第七中学八年级女生的立定跳远成绩呈显著性差异，兵团二中的成绩比其他两所学校差。坐位体前屈均值的比较，师大附中与第七中学呈现显著性差异，sig. 值为0.002，$p<0.05$，第七中学成绩好于师大附中。

（七）2014年、2015年三所学校八年级男生身体素质各项指标独立样本T检验分析

运用spss统计学软件独立样本T检验的方法，分析2014年、2015年三所学校男生身体素质各项目是否有显著性变化。如表7所示。

从表7看出，新疆师大附中八年级男生2014年和2015年引体向上、坐位体前屈、50米和1000米的成绩，$P>0.05$，差别无统计学意义，这也说明尚不能认为新疆师范大学附属中学八年级男生2014年与2015年引体向上、坐位体前屈、50米和1000米的成绩有差别。从表7中还可以看出，新疆师大附中男生2014年和2015年立定跳远的成绩，F值为0.765，假设方差不相等，sig. 值为0.006，$P<0.05$，差别有统计学意义，均值差值-11.242，这说明新疆师大附中八年级男生2015年立定跳远成绩比2014年好，下肢力量素质和爆发力较2014年有进步。

表 7　2014 年、2015 年新疆师大附中男生身体素质各项指标的独立样本 T 检验

		方差方程的 Levene 检验		均值方程的 t 检验						
		F	Sig.	t	df	Sig.（双侧）	均值差值	标准误差值	差分的 95% 置信区间 下限	差分的 95% 置信区间 上限
引体向上	假设方差相等	1. 231	0. 268	−0. 024	246	0. 981	−0. 015	0. 622	−1. 240	1. 210
	假设方差不相等			−0. 024	226. 611	0. 981	−0. 015	0. 610	−1. 216	1. 186
立定跳远	假设方差相等	1. 236	0. 267	−2. 800	247	0. 006	−11. 242	4. 016	−19. 152	−3. 333
	假设方差不相等			−2. 767	203. 731	0. 006	−11. 242	4. 063	−19. 254	−3. 231
坐位体前屈	假设方差相等	0. 084	0. 772	−1. 501	247	0. 135	−1. 3638	0. 9086	−3. 1534	0. 4258
	假设方差不相等			−1. 508	216. 030	0. 133	−1. 3638	0. 9041	−3. 1459	0. 4182
50 米	假设方差相等	0. 765	0. 383	0. 638	247	0. 524	0. 3741	0. 5867	−0. 7815	1. 5297
	假设方差不相等			0. 767	164. 531	0. 444	0. 3741	0. 4876	−0. 5887	1. 3370
1000 米	假设方差相等	0. 002	0. 963	1. 711	247	0. 088	11. 347	6. 631	−1. 714	24. 408
	假设方差不相等			1. 710	211. 785	0. 089	11. 347	6. 638	−1. 737	24. 431

表 8　2014 年、2015 年第七中学男生身体素质各项指标的独立样本 T 检验

		方差方程的 Levene 检验		均值方程的 t 检验						
		F	Sig.	t	df	Sig.（双侧）	均值差值	标准误差值	差分的 95% 置信区间 下限	上限
引体向上	假设方差相等	8. 969	0. 003	1. 534	172	0. 127	1. 161	0. 757	-0. 333	2. 656
	假设方差不相等			1. 462	121. 630	0. 146	1. 161	0. 795	-0. 412	2. 735
立定跳远	假设方差相等	0. 089	0. 765	-1. 726	172	0. 086	-6. 084	3. 524	-13. 039	0. 872
	假设方差不相等			-1. 715	142. 314	0. 089	-6. 084	3. 547	-13. 096	0. 929
坐位体前屈	假设方差相等	0. 001	0. 973	-1. 435	201	0. 153	-1. 2956	0. 9030	-3. 0762	0. 4851
	假设方差不相等			-1. 438	200. 976	0. 152	-1. 2956	0. 9012	-3. 0726	0. 4815
50 米	假设方差相等	2. 101	0. 149	-2. 416	201	0. 017	-0. 3715	0. 1538	-0. 6748	-0. 0683
	假设方差不相等			-2. 383	165. 807	0. 018	-0. 3715	0. 1559	-0. 6794	-0. 0637
1000 米	假设方差相等	0. 004	0. 950	2. 483	199	0. 014	14. 679	5. 912	3. 021	26. 337
	假设方差不相等			2. 472	192. 443	0. 014	14. 679	5. 937	2. 969	26. 389

表 9　2014 年、2015 年兵团二中男生身体素质各项指标的独立样本 T 检验

		方差方程的 Levene 检验		均值方程的 t 检验						
		F	Sig.	t	df	Sig.（双侧）	均值差值	标准误差值	差分的 95% 置信区间 下限	差分的 95% 置信区间 上限
引体向上	假设方差相等	10. 036	0. 002	3. 798	237	0. 000	1. 613	0. 425	0. 776	2. 450
	假设方差不相等			4. 076	183. 478	0. 000	1. 613	0. 396	0. 832	2. 394
立定跳远	假设方差相等	0. 690	0. 407	-3. 048	237	0. 003	-12. 129	3. 980	-19. 969	-4. 288
	假设方差不相等			-3. 087	157. 588	0. 002	-12. 129	3. 929	-19. 890	-4. 368
坐位体前屈	假设方差相等	1. 771	0. 185	-3. 488	237	0. 001	-3. 4365	0. 9852	-5. 3773	-1. 4956
	假设方差不相等			-3. 333	136. 001	0. 001	-3. 4365	1. 0311	-5. 4754	-1. 3975
50 米	假设方差相等	2. 437	0. 120	4. 942	237	0. 000	0. 6473	0. 1310	0. 3893	0. 9054
	假设方差不相等			5. 149	169. 793	0. 000	0. 6473	0. 1257	0. 3992	0. 8955
1000 米	假设方差相等	10. 077	0. 002	7. 249	237	0. 000	48. 202	6. 650	35. 102	61. 302
	假设方差不相等			7. 870	188. 993	0. 000	48. 202	6. 125	36. 121	60. 283

从表8可以看出，新疆乌鲁木齐市第七中学男生2014年和2015年引体向上、坐位体前屈和立定跳远的成绩，P>0.05，差别无统计学意义，这也说明尚不能认为第七中学八年级男生2014年与2015年引体向上、坐位体前屈和立定跳远的成绩有差别。从表8中还可以看出，第七中学男生2014年和2015年50米和1000米的成绩，P<0.05，差别有统计学意义，均值差值分别为－0.3715、14.679，这说明第七中学八年级男生2015年速度素质较2014年有所下降，耐力素质较2014年有进步。

从表9可以看出，新疆兵团二中男生2014年和2015年引体向上、坐位体前屈、立定跳远、50米和1000米的成绩，P<0.05，差别有统计学意义，其中引体向上的均值差为1.613，这说明2015年引体向上的成绩较2014年差，上肢力量和腰腹力量略有下降；立定跳远的均值差为－12.129，2015年的成绩较2014年有较大幅度提升，下肢力量和爆发力逐渐增强；坐位体前屈均值差值为－3.4365，柔韧性素质较2014年有提高；50米跑的均值差为0.6473，这说明速度素质比2014年有所提升；1000米跑的均值差为48.202，说明耐力素质比2014年有所提高。

（八）2014年、2015年三所学校八年级女生身体素质各项指标独立样本T检验分析

从表10可以看出，新疆师大附中八年级女生2014年和2015年仰卧起坐、坐位体前屈、立定跳远、50米和1000米的成绩，P>0.05，差别无统计学意义，这也说明尚不能认为新疆师范大学附属中学八年级女生2015年身体素质测试的各项目成绩与2014年有差别。

表 10　2014 年、2015 年新疆师大附中女生身体素质各项指标的独立样本 T 检验

		方差方程的 Levene 检验		均值方程的 t 检验						
		F	Sig.	t	df	Sig.（双侧）	均值差值	标准误差值	差分的 95% 置信区间	
									下限	上限
仰卧起坐	假设方差相等	0. 069	0. 794	1. 744	235	0. 082	1. 653	0. 948	-0. 214	3. 520
	假设方差不相等			1. 746	196. 981	0. 082	1. 653	0. 947	-0. 215	3. 521
立定跳远	假设方差相等	0. 008	0. 929	-1. 433	236	0. 153	-3. 454	2. 410	-8. 202	1. 294
	假设方差不相等			-1. 416	188. 498	0. 158	-3. 454	2. 439	-8. 265	1. 357
坐位体前屈	假设方差相等	0. 839	0. 361	0. 684	236	0. 494	0. 6751	0. 9866	-1. 2685	2. 6187
	假设方差不相等			0. 701	211. 212	0. 484	0. 6751	0. 9636	-1. 2244	2. 5746
50 米	假设方差相等	0. 029	0. 865	-1. 107	236	0. 270	-0. 1332	0. 1203	-0. 3703	0. 1039
	假设方差不相等			-1. 174	229. 224	0. 242	-0. 1332	0. 1135	-0. 3568	0. 0904
800 米	假设方差相等	0. 077	0. 782	-1. 094	234	0. 275	-5. 337	4. 879	-14. 949	4. 274
	假设方差不相等			-1. 075	185. 067	0. 284	-5. 337	4. 964	-15. 131	4. 456

表 11　2014 年、2015 年第七中学女生身体素质各项指标的独立样本 T 检验

		方差方程的 Levene 检验		均值方程的 t 检验						
		F	Sig.	t	df	Sig.（双侧）	均值差值	标准误差值	差分的 95% 置信区间 下限	差分的 95% 置信区间 上限
仰卧起坐	假设方差相等	0. 525	0. 470	−1. 348	176	0. 179	−1. 453	1. 078	−3. 581	0. 675
	假设方差不相等			−1. 324	153. 651	0. 187	−1. 453	1. 097	−3. 621	0. 715
立定跳远	假设方差相等	5. 678	0. 018	−5. 809	178	0. 000	−14. 507	2. 497	−19. 435	−9. 579
	假设方差不相等			−5. 678	150. 965	0. 000	−14. 507	2. 555	−19. 555	−9. 459
坐位体前屈	假设方差相等	0. 188	0. 665	−3. 683	193	0. 000	−3. 3290	0. 9038	−5. 1116	−1. 5464
	假设方差不相等			−3. 686	192. 977	0. 000	−3. 3290	0. 9032	−5. 1105	−1. 5475
50 米	假设方差相等	13. 725	0. 000	0. 969	193	0. 334	0. 1562	0. 1611	−0. 1616	0. 4740
	假设方差不相等			0. 964	164. 208	0. 337	0. 1562	0. 1621	−0. 1639	0. 4763
800 米	假设方差相等	0. 084	0. 772	1. 166	190	0. 245	4. 533	3. 886	−3. 133	12. 199
	假设方差不相等			1. 166	189. 221	0. 245	4. 533	3. 887	−3. 133	12. 200

表 12　2014 年、2015 年兵团二中女生身体素质各项指标的独立样本 T 检验

		方差方程的 Levene 检验		均值方程的 t 检验						
		F	Sig.	t	df	Sig.（双侧）	均值差值	标准误差值	差分的 95% 置信区间 下限	差分的 95% 置信区间 上限
仰卧起坐	假设方差相等	0. 525	0. 470	-1. 348	176	0. 179	-1. 453	1. 078	-3. 581	0. 675
	假设方差不相等			-1. 324	153. 651	0. 187	-1. 453	1. 097	-3. 621	0. 715
立定跳远	假设方差相等	5. 678	0. 018	-5. 809	178	0. 000	-14. 507	2. 497	-19. 435	-9. 579
	假设方差不相等			-5. 678	150. 965	0. 000	-14. 507	2. 555	-19. 555	-9. 459
坐位体前屈	假设方差相等	0. 188	0. 665	-3. 683	193	0. 000	-3. 3290	0. 9038	-5. 1116	-1. 5464
	假设方差不相等			-3. 686	192. 977	0. 000	-3. 3290	0. 9032	-5. 1105	-1. 5475
50 米	假设方差相等	13. 725	0. 000	0. 969	193	0. 334	0. 1562	0. 1611	-0. 1616	0. 4740
	假设方差不相等			0. 964	164. 208	0. 337	0. 1562	0. 1621	-0. 1639	0. 4763
800 米	假设方差相等	0. 084	0. 772	1. 166	190	0. 245	4. 533	3. 886	-3. 133	12. 199
	假设方差不相等			1. 166	189. 221	0. 245	4. 533	3. 887	-3. 133	12. 200

从表 11 可以看出，新疆乌鲁木齐市第七中学女生 2014 年和 2015 年仰卧起坐、50 米和 800 米的成绩，$P>0.05$，差别无统计学意义，这说明尚不能认为第七中学八年级女生 2014 年与 2015 年的仰卧起坐、50 米和 800 米的成绩有差别。从表 11 中还可以看出，第七中学女生 2014 年和 2015 年立定跳远和坐位体前屈的成绩，F 值分别为 5.678 和 0.188，sig. 值均为 0.000，$P<0.05$，差别有统计学意义，均值差值分别为 -14.507 和 -3.3290，说明第七中学八年级女生 2015 年下肢力量和爆发力及柔韧性素质较 2014 年有所提高。

从表 12 可以看出，新疆兵团二中女生 2014 年和 2015 年立定跳远、50 米的成绩，$P>0.05$，差别无统计学意义。仰卧起坐、800 米和坐位体前屈的成绩，$P<0.05$，差别有统计学意义，均值差值分别为 -2.078、-1.7242 和 18.593，说明兵团二中八年级女生 2015 年腰腹、柔韧性和耐力素质较 2014 年有所提高。

四、结　论

运用 SPSS 方差分析，独立样本 T 检验的方法，分析 2014 年和 2015 年三所学校八年级男生、女生身体素质测试各项指标的平均值，标准差；三所学校之间八年级男生、女生身体素质测试各项指标是否存在显著性差异，并进一步针对有显著性差异的身体素质指标进行两两比较；分析同一学校 2014 年八年级男生、女生身体素质测试各项指标与 2015 年的各项指标之间是否存在显著性差异。研究结论如下：

（1）2014 年三所中学八年级男生身体素质各项测试数值，引体向上、1000 米的成绩都非常差，立定跳远、坐位体前屈的成绩基本合格，50 米的成绩比较好。2015 年三所中学八年级男生身体素质各项测试数值，引体向上的成绩非常差，1000 米的成绩平均水平好于 2014 年，但还是有待提高。立定跳远、坐位体前屈的成绩合格，50 米的成绩比较好。

（2）2014 年三所中学八年级女生身体素质各项测试数值，耐力素质和力量素质稍差，柔韧素质和腰腹力量素质较好，速度素质最好。2015 年三所学校八年级女生各项身体素质测试的及格率较 2014 年有所提升，立定跳远和 800 米项目的良好率和优秀率较 2014 年有所提高。

（3）2014 年三所学校八年级男生的引体向上、立定跳远和 1000 米跑呈现显著性差异；2015 年三所学校八年级男生的 50 米跑、引体向上和 1000 米跑成绩呈现显著性差异。

（4）2014 年三所学校八年级女生的立定跳远和 800 米跑成绩呈现显著性差异；2015 年三所学校八年级女生的立定跳远、坐位体前屈成绩呈现显著性差异。

（5）2014 年八年级男生第七中学引体向上、立定跳远和 1000 米成绩均好于师大附中和兵团二中，探究其原因可能与普通中学学习压力较小，身体活动时间较多有关。2015 年兵团二中的引体向上、立定跳远和 1000 米成绩均比师大附中和第七中学差，学校需要对提高学生的身体素质引起重视，保障体育课和课外体育活动的按时开展，努力提高学生们的锻炼意识。

（6）2014 年第七中学八年级女生仰卧起坐成绩差于兵团二中和师大附中，师大附中 800 米成绩好于兵团二中。2015 年兵团二中八年级女生坐位体前屈的成绩比其他两所学校差。

（7）2015 年兵团二中八年级男生的身体素质各项指标较 2014 年有所提升；兵团二中八年级女生 2015 年腰腹、柔韧性和耐力素质较 2014 年有所提高；第七中学八年级女生下肢力量和爆发力及柔韧性素质有所提高。

参考文献

[1] Wall head, T. J. , & Buck worth, J. (2004). The role of physical education in the promotion of youth physical activity. Quest, 56, 285 - 301.

[2] 国家体育总局. 关于加强青少年体育增强青少年体质的意见 [EB/OL]. 2009.

[3] 中国学生体质与健康研究组. 2005 年中国学生体质与健康研究报告 [M]. 北京高等教育出版社, 2008.

[4] 武杰等. 新疆维、哈、蒙、锡、塔、回七民族成年人体质与健康调研 [M]. 新疆教育出版社, 2004. 10.

[5] 刘峥. 新中国体育发展战略的演变 (1949—2008) [D]. 北京体育大学. 2011. 65 - 82.

[6] 刘新华, 张建, 蔡睿. 对上海、东京两地儿童、青少年身体素质影响因素的比较分析 [J]. 中国体育科技. 2009, 45 (6): 109 - 117.

[7] 陈玉忠. 关于我国青少年体质健康问题的若干社会学思考 [J]. 中国体育科技. 2007, 43 (6): 83 - 90.

[8] 毛振明. 谁来拯救孩子的体质 [N]. 人民日报. 2011 - 03 - 21.

陈庆果
四川师范大学
副教授、博士
研究方向：体质健康、统计学

赵海健
中央民族大学
研究生

研究报告六：新疆青少年身心发展之身体素质研究

——哈密市三所小学学生身体素质比较研究

董文梅[1]　陈庆果[2]　赵海健[3]

（1.3 中央民族大学，北京，100081；2. 四川师范大学，成都，610101）

一、研究目的与意义

新疆青少年身心发展的研究重点之一是青少年身体素质的研究。近年来，国家对青少年的身体素质更加重视，每年定期进行《国家青少年体质健康标准》的测试，数据分析报告显示了青少年身体素质发展的整体水平。针对新疆青少年身体素质的现状，学者们分别从各个民族的角度进行了大样本量的分析，为后续的研究提供了可借鉴的思路。但总体研究趋于对大样本量群体的描述性分析，缺乏更加细致地、结合学校学生特点的比较分析。

本研究立足于获取真实数据，与哈密市三所小学体育一线教师访谈并签署长期学生体质健康研究合作计划。抽样哈密市三所小学的数据分别为现场收集、教师的一手测试资料即测试结果是教师手工填写的纸制表格。选取的三所小学为新疆哈密市第二小学、哈密市巴里坤县小学和哈密兵团农十三师红星二场学校。这三所小学分别代表三个层次：哈密市市级小学、县级小学和兵团小学。选取九年义务教育阶段五年级学生作为研究对象。在获取真实数据的基础上，分析三所学校 2014 年和 2015 年五年级学生们体质健康测试的身体素质数据，应用 SPSS 统计学分析软件中方差分析、独立样本 T 检验等方法，在呈现各学校优秀率、及格率及其变化的同时，比较三所学校学生在身体素质方面是否具有显著的差异及初步解析原因。同时，本研究进行追踪调查，对三所学校五年级学生身体素质的变化是否呈现显著性差异进行研究。本研究主要想解决的问题为：1. 三所学校五年级学生身体素质的真实状况如何？2. 三所学校学生的身体素质各项指标是否呈现显著性差异？原因何在？3. 2014 年、2015 年三所学校学生的身体素质各项指标是否会有变化？

二、研究对象与方法

（一）研究对象

本次调查研究选取哈密市三所小学义务教育阶段五年级学生作为研究对象，分析学生们的国家学生体质健康标准中身体素质测试项目的数据。

哈密市第二小学已建校 50 年，近年来获得自治区新课改工作先进学校、哈密地区教育系统先进集体等称号。哈密市巴里坤县小学为一所县级普通小学，哈密兵团农十三师红星二场学校始建于 1956 年，学校设施符合自治区二类学校标准配备。

（二）测试法

根据《国家学生体质健康标准》中的测试项目进行测试，五年级男生和女生测试一分钟跳绳、一分钟仰卧起坐、坐位体前屈和50米跑。测试时课题组人员在现场参与或在测试结束后体育教师将测试的原始数据交给课题组。

（三）数理统计法

运用Spss19.0分析2014年、2015年三所中小学的五年级学生身体素质数据。运用方差检验三所学校五年级学生的各项身体素质是否具有显著性差异，运用Post Hoc Test进一步进行两两之间的比较；运用独立样本T检验分析同一学校2014年和2015年学生身体素质的变化等。

三、研究结果与分析

（一）2014年、2015年三所小学男生身体素质的基本状况分析

表1　2014年、2015年三所小学男生身体素质的基本状况

年份	项目	小学	样本量	均值	标准差	优秀率	良好率	及格率
2014	仰卧起坐（个）	哈密二小	44	29	8	5.9%	16.7%	86.3%
		坤县小学	102	28	8	5.9%	16.7%	82.4%
		红星二场	44	17	8	0%	0%	45.5%
	坐位体前屈（厘米）	哈密二小	44	13.2	7	33.3%	46.7%	93.3%
		坤县小学	102	11.3	5	9%	35.1%	97.3%
		红星二场	44	13.7	7	27.3%	51.5%	93.9%

续表

年份	项目	小学	样本量	均值	标准差	优秀率	良好率	及格率
	50 米（秒）	哈密二小	44	9.8	0.9	13.6%	20.5%	86.4%
		坤县小学	99	9.7	0.7	12.1%	24.2%	97%
		红星二场	44	9.8	0.9	11.4%	20.5%	86.4%
	一分钟跳绳	哈密二小	44	108	24	2.3%	19.2%	95.5%
		坤县小学	102	97	27	2.9%	5.9%	93.1%
		红星二场	44	109	24	2.3%	19.2%	95.5%
2015	坐位体前屈（厘米）	哈密二小	124	11.29	5.2	39.5%	62.1%	100%
		坤县小学	161	5.7	6.1	9.3%	23%	91.1%
		红星二场	44	11.7	5.4	36.4%	55.5%	100%
	50 米（秒）	哈密二小	124	9.1	0.8	38.7%	40.3%	99.2%
		坤县小学	161	8.8	0.9	49.7%	55.3%	97.5%
		红星二场	44	9.2	0.8	25%	29.5%	86.4%
	仰卧起坐（个）	哈密二小	124	41	7	33.9%	72.6%	99.2%
		坤县小学	161	40	8	35.4%	57.1%	99.4%
		红星二场	44	22	9	6.9%	27.5%	97.5%
	一分钟跳绳（个）	哈密二小	124	115	29	24.2%	35.5%	98.4%
		坤县小学	161	96	29	4.3%	18%	90.1%
		红星二场	44	103	24	0%	15.9%	90.9%

从表 1 中看出，整体上 2014 年三所小学五年级男生身体素质的各项测试数值，仰卧起坐的成绩稍差，50 米、一分钟跳绳的成绩基本合格，坐位体前屈的成绩比较好。这说明三所学校五年级男生的腰腹力量稍差，速度素质一般，柔韧性较好。具体分析如下：

2014 年哈密二小五年级男生仰卧起坐的均值为 29 ± 8，及格率为 86.3.6%；坤县小学五年级男生仰卧起坐的均值为 28 ±8，及格率为 82.4%；红星二场学校五年级男生仰卧起坐的均值为 17 ±8，优秀率为 0%，及格率为 45.5.6%，从三所学校五年级男生仰卧起坐稍低的平均数值和及格率来看，三所学校五年级男生的腰腹力量稍差。哈密二小五年级男生一分钟跳绳的均值为 108 ±24，优秀率为 2.3%，良好率为 19.2%；坤县小学五年级男生一分钟跳绳的均值为 97 ±27，优秀率为 2.9%，良好率为 5.9%；红星二场学校五年级男生一分钟跳绳的均值为 109 ±24，优秀率为 2.3%，良好率为 19.2%，从三所学校五年级男生一分钟跳绳平均数值和比较低的优秀率、良好率来看，三所学校五年级男生的速度素质、灵敏素质尚需要在体育课及课外体育活动中有效地进行练习。三所小学男生 50 米跑的良好率，哈密二小、坤县小学和红星二场学校分别为 20.5%、24.2% 和 20.5%，这同样说明三所小学五年级男生的速度素质尚需有效练习。

2014 年哈密二小五年级男生坐位体前屈均值为 13.2 ±7 厘米，坤县小学五年级男生坐位体前屈均值为 11.3 ±5 厘米，红星二场学校五年级男生坐位体前屈均值为 13.7 ±7 厘米，优秀率、良好率和及格率比率呈合理分布趋势，由此看出三所小学五年级男生的柔韧素质良好。

从表 1 还可以看出，整体上 2015 年三所小学五年级男生身体素质各项测试数值好于 2014 年。

2015 年哈密二小五年级男生仰卧起坐的均值为 41 ±7；坤县小学五年级男生仰卧起坐的均值为 40 ±8；红星二场学校五年级男生仰卧起坐的均值为 22 ±9，从三所学校五年级男生仰卧起坐的平均数值和及格率来看，三所学校五年级男生的腰腹力量较好。哈密二小五年级男生一分钟跳绳的均值为 115 ±29，优秀率 24.2%，良好率35.5%；坤县小学五年级男生一分钟跳绳的均值为96±29，优秀率4.3%，良好率18%；红星二场学校五年级男生一分钟跳绳的均值为103±24，优秀率0%，良好率15.9%，从三所小学五年级男生一分钟跳绳的优秀率和良好率来看，男生的速度素质、灵敏素质尚需练习提高。

2015年三所小学50米与坐位体前屈的均值及及格率情况良好，说明三所学校男生的速度和柔韧性基本达到了《国家学生体质健康标准》的要求。

（二）2014年、2015年三所小学女生身体素质的基本状况分析

表2 2014年、2015年三所小学女生身体素质的基本状况

年份	项目	中学	样本量	均值	标准差	优秀率	良好率	及格率
2014	一分钟跳绳	哈密二小	30	108	26	3.3%	26.7%	96.7%
		坤县小学	110	107	23	7.2%	19.9%	98.2%
		红星二场	33	111	27	6.1%	19.2%	97%
	坐位体前屈（厘米）	哈密二小	30	10.8	7.7	2.7%	29.3%	87.1%
		坤县小学	110	10.1	6.1	5.1%	17.2%	84.8%
		红星二场	33	11.1	6.1	9.4%	25.2%	92.1%
	50米（秒）	哈密二小	30	9.9	0.9	3.3%	16.7%	86.7%
		坤县小学	110	10	0.7	1.8%	8.2%	91.8%
		红星二场	33	9.9	0.9	3%	18.2%	87.9%
	仰卧起坐（个）	哈密二小	30	30	9	0%	4.5%	83.8%
		坤县小学	110	28	6	0%	4.5%	91%
		红星二场	33	17	7	0.9%	4.5%	45.5%

续表

年份	项目	中学	样本量	均值	标准差	优秀率	良好率	及格率
2015	一分钟跳绳（个）	哈密二小	126	117	24	18.3%	33.3%	98.4%
		坤县小学	160	101	25	6.2%	14.4%	95%
		红星二场	33	115	19	6.1%	21.2%	100%
	坐位体前屈（厘米）	哈密二小	126	14.4	4.3	26.2%	62.7%	100%
		坤县小学	160	10.7	4.9	6.2%	31.2%	95%
		红星二场	33	15.7	5.9	36.4%	54.5%	100%
	50 米（秒）	哈密二小	126	9.4	0.6	11.1%	28.6%	100%
		坤县小学	160	9.3	0.9	15.2%	48.5%	100%
		红星二场	33	9.3	1.1	10.6%	36.3%	91.9%
	仰卧起坐（个）	哈密二小	126	39	5	19.3%	62.7%	100%
		坤县小学	160	34	7	6.9%	28.5%	96.9%
		红星二场	33	17	5	0%	0%	45.5%

从表 2 可以看出，整体上 2014 年三所小学五年级女生身体素质各项测试数值，速度素质和力量素质稍差，速度素质、柔韧性素质一般，同样需要提高。具体的分析如下：2014 年哈密二小五年级女生仰卧起坐的均值为 30 ±9，优秀率为 0%，良好率为 4.5%，及格率为 83.8%；坤县小学五年级女生仰卧起坐的均值为 28 ±6，优秀率为0%，良好率为4.5%，及格率为91%；红星二场学校五年级女生仰卧起坐的均值为 17 ±7，优秀率为 0.9%，良好率为 4.5%，及格率为 45.5%，从三所学校五年级女生仰卧起坐较低的优秀率和良好率来看，三所学校五年级女生的腰腹力量需要提高。哈密二小五年级女生一分钟跳绳的均值为 108 ±26，优秀率为 3.3%，良好率为 26.7%；坤县小学五年级女生一分钟跳绳的均值为 107 ±23，优秀

率为7.2%，良好率为19.9%；红星二场学校五年级女生一分钟跳绳的均值为111±27，优秀率为6.1%，良好率为19.2%，从三所小学五年级女生一分钟跳绳较低的优秀率和良好率来看，在体育课和课外体育锻炼活动中要有意识加强灵敏和速度素质的练习。哈密二小、坤县小学和红星二场学校五年级女生50米跑的优秀率分别为3.3%、1.8%和3%，良好率分别为16.7%、8.2%和18.2%，优秀率和良好率较低，这也同时说明三所学校五年级女生的速度素质需要加强练习。哈密二小、坤县小学和红星二场学校五年级女生坐位体前屈的优秀率分别为2.7%、5.1%和9.4%，良好率分别为29.3%、17.2%和25.2%，优秀率和良好率较低，这说明三所学校五年级女生的柔韧性素质需要加强练习。

从表2中还可以看出，2015年三所学校五年级女生各项身体素质测试的及格率较2014年有所提升。具体的分析如下：2015年哈密二小五年级女生仰卧起坐的均值为39±5，优秀率为19.3%，良好率为62.7%；坤县小学五年级女生仰卧起坐的均值为34±7，优秀率为6.9%，良好率为28.5%；红星二场学校五年级女生仰卧起坐的均值为17±5，优秀率为0%，良好率为0%，及格率为45.5%，优秀率和良好率较低，需要在体育课和课外体育锻炼中加强腰腹力量的练习。

2015年三所小学五年级女生一分钟跳绳的优秀率分别为18.3%，6.2%，6.1%，良好率分别为33.3%，14.4%，21.2%，由此说明三所学校还需在体育课教学和课外体育锻炼活动中加强速度和灵敏性练习。2015年三所学校五年级女生坐位体前屈的成绩较好，说明学生们的柔韧性素质较好。三所学校五年级女生50米跑的成绩较好，说明学生们具有较好的速度素质。

（三）2014、2015 年三所小学五年级男生身体素质各项指标的差异性分析

表 3　2014 年、2015 年三所学校男生身体素质各项指标的 ANOVA 分析

年份	项目		平方和	df	均方	F	Sig.
2014	仰卧起坐	组间	4847.206	2	2423.603	26.681	0.000
		组内	16986.168	187	90.835		
	坐位体前屈	组间	1524.713	2	762.356	21.166	0.000
		组内	6735.466	187	36.019		
	50 米	组间	4.694	2	2.347	3.511	0.032
		组内	123.005	184	0.669		
	一分钟跳绳	组间	20624.73	2	10312.369	15.598	0.000
		组内	7479.755	375	19.946		
2015	仰卧起坐	组间	12452.466	2	6226.233	93.649	0.000
		组内	21673.953	326	66.485		
	坐位体前屈	组间	2711.271	2	1355.635	41.817	0.000
		组内	10568.343	326	32.418		
	50 米	组间	9.552	2	4.766	5.560	0.04
		组内	280.054	326	0.859		
	一分钟跳绳	组间	24747.211	2	12373.605	14.887	0.000
		组内	270962.449	326	831.173		

从表 3 中可以看出，通过对 2014 年三所小学五年级男生身体素质各项指标进行单因素方差分析，仰卧起坐 F 值为 26.681，sig. 值为 0.000，$P<0.05$，三所学校五年级男生仰卧起坐成绩呈显著性差异；坐位体前屈 F 值为 21.166，sig. 值为 0.000，$P<0.05$，三所学

校五年级男生坐位体前屈成绩呈显著性差异；一分钟跳绳 F 值为 15.598，sig. 值为 0.000，P<0.05，三所学校五年级男生一分钟跳绳呈显著性差异。

从表 3 还可以看出，通过对 2015 年三所学校五年级男生身体素质各项指标进行单因素方差分析，一分钟跳绳 F 值为 14.887，sig. 值为 0.000，P<0.05，三所学校五年级男生一分钟跳绳成绩呈显著性差异；仰卧起坐 F 值为 93.649，sig. 值为 0.000，P<0.05，三所学校五年级男生仰卧起坐成绩呈显著性差异。坐位体前屈 F 值为 41.817，sig. 值为 0.000，P<0.05，三所学校五年级男生坐位体前屈成绩呈显著性差异。

（四）2014 年、2015 年三所学校五年级男生身体素质呈显著性差异指标的多重比较分析

继续对通过 ANOVA 检验结果中呈现显著性差异的指标进行多重比较的两两比较分析，包括 2014 年三所学校五年级男生仰卧起坐、坐位体前屈和一分钟跳绳；2015 年三所学校五年级男生的仰卧起坐、坐位体前屈、一分钟跳绳。

表 4　2014 年、2015 年三所学校男生呈显著性差异指标的两两比较分析

年份	因变量	学校（I）	学校（J）	均值差（I－J）	标准误	Sig.
2014	仰卧起坐	哈密二小	坤县小学	－0.745	1.719	0.665
			红星二场	11.432*	2.032	0.000
		坤县小学	哈密二小	0.745	1.719	0.665
			红星二场	12.177*	1.719	0.000
		红星二场	哈密二小	－11.432*	2.032	0.000
			坤县小学	－12.177*	1.719	0.000

续表

年份	因变量	学校（I）	学校（J）	均值差（I－J）	标准误	Sig.
	坐位体前屈	哈密二小	坤县小学	5.6811*	1.0825	0.000
			红星二场	0.0000	1.2795	1.000
		坤县小学	哈密二小	－5.6811*	1.0825	0.000
			红星二场	－5.6811*	1.0825	0.000
		红星二场	哈密二小	0.0000	1.2795	1.000
			坤县小学	5.6811*	1.0825	0.000
	一分钟跳绳	哈密二小	坤县小学	20.894*	4.638	0.000
			红星二场	0.000	5.482	1.000
		坤县小学	哈密二小	－20.894*	4.638	0.000
			红星二场	－20.894*	4.638	0.000
		红星二场	哈密二小	0.000	5.482	1.000
			坤县小学	20.894*	4.638	0.000
2015	仰卧起坐	哈密二小	坤县小学	1.026	0.974	0.293
			红星二场	18.601*	1.431	0.000
		坤县小学	哈密二小	－1.026	0.974	0.293
			红星二场	17.575*	1.387	0.000
		红星二场	哈密二小	－18.601*	1.431	0.000
			坤县小学	－17.575*	1.387	0.000
	坐位体前屈	哈密二小	坤县小学	5.6356*	0.6803	0.000
			红星二场	－0.3891	0.9992	0.697
		坤县小学	哈密二小	－5.6356*	0.6803	0.000
			红星二场	－6.0247*	0.9686	0.000
		红星二场	哈密二小	0.3891	0.9992	0.697
			坤县小学	6.0247*	0.9686	0.000

续表

年份	因变量	学校（I）	学校（J）	均值差（I－J）	标准误	Sig.
	一分钟跳绳	哈密二小	坤县小学	18.786	3.445	0.000
			红星二场	11.457*	5.059	0.024
		坤县小学	哈密二小	－18.786	3.445	0.000
			红星二场	－7.329	4.904	0.136
		红星二场	哈密二小	－11.457*	5.059	0.024
			坤县小学	7.329	4.904	0.136

从表4中可以看出，通过对2014年三所学校五年级男生呈现显著性差异的项目继续进行两两比较发现，仰卧起坐均值红星二场学校与哈密二小、坤县小学比较，sig. 值分别为0.000，$p<0.05$，红星二场学校与哈密二小、坤县小学五年级男生的仰卧起坐成绩呈显著性差异，进一步从均值差中看出，哈密二小、坤县小学仰卧起坐成绩好于红星二场学校。坐位体前屈均值坤县小学与哈密二小、红星二场学校比较，sig. 值分别为0.000，$p<0.05$，坤县小学五年级坐位体前屈的成绩低于哈密二小和红星二场学校。一分钟跳绳均值坤县小学与哈密二小、红星二场学校比较，sig. 值分别为0.000，$p<0.05$，坤县小学五年级一分钟跳绳的成绩低于哈密二小和红星二场学校。从上述的两两比较分析中可以看出，坤县一中五年级男生的柔韧性和速度、灵敏素质较其他两个学校差，需要在今后的体育课和课外体育活动中加强练习。

从表4中还可以看出，通过对2015年三所学校五年级男生呈现显著性差异的项目继续进行两两比较发现，仰卧起坐均值比较红星二场学校与哈密二小、坤县小学呈现显著性差异，sig. 值均为0.000，$p<0.05$。哈密二小、坤县小学仰卧起坐的成绩好于红星二

场学校。坐位体前屈的均值比较坤县小学与哈密二小、红星二场学校呈现显著性差异，sig. 值均为 0.000，$p<0.05$，坤县小学此项成绩比其他两所学校差。一分钟跳绳均值的比较，坤县小学与哈密二小呈显著性差异，sig. 值分别均为 0.000，$p<0.05$，哈密二小的一分钟跳绳成绩好于坤县小学。由以上的分析可以看出，坤县小学需要加强五年级男生柔韧性、速度和灵敏素质的练习；红星二场学校需要加强五年级男生腰腹力量的练习。

（五）2014 年、2015 年三所小学女生身体素质各项指标的差异性分析

表 5　2014 年、2015 年三所学校女生身体素质各项指标的 ANOVA 分析

年份	项目		平方和	df	均方	F	Sig.
2014	一分钟跳绳	组间	258.062	2	129.031	0.212	0.809
		组内	103461.973	170	608.600		
	坐位体前屈	组间	177.973	2	88.987	2.575	0.079
		组内	5875.349	170	34.561		
	50 米	组间	0.094	2	0.047	0.074	0.929
		组内	107.783	170	0.634		
	仰卧起坐	组间	3416.630	2	1708.315	31.236	0.000
		组内	9297.370	170	54.690		
2015	一分钟跳绳	组间	20406.498	2	10203.249	17.429	0.000
		组内	184988.361	316	585.406		
	坐位体前屈	组间	1259.321	2	629.661	26.907	0.000
		组内	7394.705	316	23.401		
	50 米	组间	3.334	2	1.667	2.290	0.103
		组内	230.028	316	0.728		
	仰卧起坐	组间	11827.17	2	5913.586	144.255	0.000
		组内	12945.089	316	40.994		

从表5可以看出，通过对2014年三所学校五年级女生身体素质各项指标进行单因素方差分析，仰卧起坐F值为31.236，sig.值为0.000，P<0.05，三所学校五年级女生仰卧起坐成绩呈显著性差异。

从表5还可以看出，通过对2015年三所学校五年级女生身体素质各项指标进行单因素方差分析，一分钟跳绳F值为17.429，sig.值为0.000，P<0.05，三所学校五年级女生一分钟跳绳成绩呈显著性差异；坐位体前屈F值为26.907，sig.值为0.001，P<0.05，三所学校五年级女生坐位体前屈成绩呈显著性差异。仰卧起坐F值为144.255，sig.值为0.001，P<0.05，三所学校五年级女生仰卧起坐成绩呈显著性差异。

（六）2014年、2015年三所学校五年级女生身体素质呈显著性差异指标的多重比较分析

继续对通过ANOVA检验结果中呈现显著性差异的指标进行多重比较的两两比较分析，包括2014年三所学校五年级女生的仰卧起坐；2015年三所学校五年级女生的仰卧起坐、坐位体前屈和一分钟跳绳。

表6　2014年、2015年三所学校女生呈显著性差异指标的两两比较分析

年份	因变量	学校（I）	学校（J）	均值差（I－J）	标准误	Sig.
2014	仰卧起坐	哈密二小	坤县小学	2.400	1.523	0.117
			红星二场	12.970*	1.866	0.000
		坤县小学	哈密二小	－2.400	1.523	0.117
			红星二场	10.570*	1.468	0.000
		红星二场	哈密二小	－12.970*	1.866	0.000
			坤县小学	－10.570*	1.468	0.000

续表

年份	因变量	学校（I）	学校（J）	均值差（I－J）	标准误	Sig.
2015	仰卧起坐	哈密二小	坤县小学	4.349*	0.763	0.000
			红星二场	21.266*	1.252	0.000
		坤县小学	哈密二小	－4.349*	0.763	0.000
			红星二场	16.917*	1.224	0.000
		红星二场	哈密二小	－21.266*	1.252	0.000
			坤县小学	－16.917*	1.224	0.000
	一分钟跳绳	哈密二小	坤县小学	16.438*	2.882	0.000
			红星二场	2.416	4.731	0.610
		坤县小学	哈密二小	－16.438*	2.882	0.000
			红星二场	－14.022*	4.626	0.003
		红星二场	哈密二小	－2.416	4.731	0.610
			坤县小学	14.022*	4.626	0.003
	坐位体前屈	哈密二小	坤县小学	3.6358*	0.5762	0.000
			红星二场	－1.2930	0.9460	0.173
		坤县小学	哈密二小	－3.6358*	0.5762	0.000
			红星二场	－4.9288*	0.9249	0.000
		红星二场	哈密二小	1.2930	0.9460	0.173
			坤县小学	4.9288*	0.9249	0.000

从表6可以看出，通过对2014年三所学校五年级女生呈现显著性差异的项目继续进行两两比较发现，仰卧起坐均值红星二场学校与哈密二小、坤县小学比较，sig. 值分别为0.000，$p<0.05$，红星二场学校五年级女生的仰卧起坐成绩比哈密二小、坤县小学差，这说明红星二场学校需要在今后的体育课和课外体育活动中加强五年级女生的腰腹力量练习。

从表6还可以看出，通过对2015年三所学校五年级女生呈现显著性差异的项目继续进行两两比较发现，红星二场学校仰卧起坐均值与哈密二小、坤县小学比较，sig. 值均为0.000，p<0.05，其成绩较其他两个学校差。哈密二小五年级女生仰卧起坐均值与坤县小学比较，sig. 值均为0.000，p<0.05，呈现显著性差异，哈密二小成绩更好。一分钟跳绳的均值比较，坤县小学与哈密二小、红星二场学校成绩呈显著性差异，它的成绩比其他两所学校差。坐位体前屈均值的比较，坤县小学与哈密二小、红星二场学校呈现显著性差异，sig. 值均为0.000，p<0.05，坤县小学五年级女生坐位体前屈的成绩比其他两所学校差。由上面的分析可以看出，坤县小学需要加强五年级女生柔韧性和速度、灵敏素质的练习；红星二场学校需要加强五年级女生腰腹力量的练习。

（七）2014年、2015年三所学校五年级男生、女生身体素质各项指标独立样本T检验分析

运用spss统计学软件独立样本T检验的方法，分析各学校2014年、2015年男生和女生身体素质各项目是否有显著性变化。

1. 2014、2015年哈密二小男生、女生身体素质各项指标独立样本T检验分析

从表7可以看出，2014年和2015年哈密二小五年级男生50米和一分钟跳绳的成绩无显著性差异。男生坐位体前屈，F值为1.805，假设方差不相等，Sig. 值为0.000，P<0.05，2014年和2015年哈密二小男生坐位体前屈的成绩呈现显著性差异。男生仰卧起坐，F值为0.065，假设方差不相等，Sig. 值为0.000，P<0.05，2014年和2015年哈密二小男生仰卧起坐的成绩呈现显著性差异。从均值差中可以看出，2015年哈密二小男生坐位体前屈和仰卧起坐

的成绩较2014年有所提高。

从表7还可以看出，2014和2015年哈密二小五年级女生50米的成绩无显著性差异。女生坐位体前屈，F值为0.044，假设方差相等，Sig. 值为0.000，P<0.05，2014年和2015年哈密二小女生坐位体前屈的成绩呈现显著性差异。女生仰卧起坐，F值为6.810，假设方差不相等，Sig. 值为0.000，P<0.05，2014年和2015年哈密二小女生仰卧起坐的成绩呈现显著性差异。女生一分钟跳绳，F值为1.196，假设方差不相等，Sig. 值为0.000，P<0.05，2014年和2015年哈密二小女生一分钟跳绳的成绩呈现显著性差异。从均值差可以看出，2015年哈密二小女生坐位体前屈、仰卧起坐和一分钟跳绳的成绩较2014年有所提高。

2. 2014、2015年坤县小学男生、女生身体素质各项指标独立样本T检验分析

从表8可以看出，2014年和2015年坤县小学五年级男生一分钟跳绳和坐位体前屈的成绩无显著性差异。男子仰卧起坐，假设方差不相等，Sig. 值为0.000，P<0.05，2014年和2015年坤县小学男生仰卧起坐的成绩呈现显著性差异。男生50米，F值为7.355，假设方差不相等，Sig. 值为0.000，P<0.05，2014年和2015年坤县小学男生50米的成绩呈现显著性差异。从均值差中可以看出，2015年坤县小学男生50米和仰卧起坐的成绩较2014年有所提高。

从表8还可以看出，2014和2015年坤县小学五年级女生坐位体前屈的成绩无显著性差异。女生仰卧起坐，F值为0.541，假设方差不相等，Sig. 值为0.000，P<0.05，2014年和2015年坤县小学女生仰卧起坐的成绩呈现显著性差异。50米的成绩，F值为7.876，假设方差不相等，Sig. 值为0.000，P<0.05，2014年和2015年坤县小学女生50米的成绩呈现显著性差异。女生一分钟跳绳，F值为

表 7　2014、2015 年哈密二小男生、女生身体素质各项指标独立样本 T 检验分析

性别			方差方程 Levene 检验		均值方程的 t 检验						
			F	Sig.	t	df	Sig.（双侧）	均值差值	标准误差值	差分的 95% 置信区间 下限	差分的 95% 置信区间 上限
男	50 米	假设方差相等	1. 179	0. 279	0. 357	248	0. 722	0. 040	0. 113	-0. 183	0. 263
		假设方差不相等			0. 357	244. 573	0. 721	0. 040	0. 113	-0. 182	0. 263
	坐位体前屈	假设方差相等	1. 805	0. 180	-8. 175	248	0. 000	-5. 388	0. 659	-6. 686	-4. 090
		假设方差不相等			-8. 174	247. 692	0. 000	-5. 388	0. 659	-6. 686	-4. 090
	一分钟跳绳	假设方差相等	0. 148	0. 701	-1. 876	248	0. 062	-15. 074	8. 037	-30. 903	0. 755
		假设方差不相等			-1. 888	155. 131	0. 061	-15. 074	7. 986	-30. 850	0. 702
	仰卧起坐	假设方差相等	0. 065	0. 799	-10. 240	248	0. 000	-8. 939	0. 873	-10. 659	-7. 220
		假设方差不相等			-10. 237	247. 460	0. 000	-8. 939	0. 873	-10. 659	-7. 219
女	50 米	假设方差相等	5. 321	0. 022	1. 808	251	0. 072	0. 166	0. 092	-0. 015	0. 348
		假设方差不相等			1. 809	240. 449	0. 072	0. 166	0. 092	-0. 015	0. 348
	坐位体前屈	假设方差相等	0. 044	0. 834	-6. 409	251	0. 000	-3. 538	0. 552	-4. 625	-2. 451
		假设方差不相等			-6. 409	250. 913	0. 000	-3. 538	0. 552	-4. 625	-2. 451
	一分钟跳绳	假设方差相等	1. 196	0. 275	-5. 202	251	0. 000	-15. 506	2. 981	-21. 377	-9. 636
		假设方差不相等			-5. 201	250. 212	0. 000	-15. 506	2. 981	-21. 378	-9. 635
	仰卧起坐	假设方差相等	6. 810	0. 010	-12. 279	251	0. 000	-9. 725	0. 792	-11. 284	-8. 165
		假设方差不相等			-12. 295	228. 229	0. 000	-9. 725	0. 791	-11. 283	-8. 166

表 8　2014 年、2015 年坤县小学男生、女生身体素质各项指标的独立样本 T 检验

性别			方差方程的 Levene 检验		均值方程的 t 检验						
			F	Sig.	t	df	Sig.（双侧）	均值差值	标准误差值	差分的 95% 置信区间 下限	差分的 95% 置信区间 上限
男	一分钟跳绳	假设方差相等	4. 583	0. 033	-1. 990	258	0. 048	-6. 997	3. 517	-13. 922	-0. 072
		假设方差不相等			-2. 083	236. 780	0. 038	-6. 997	3. 360	-13. 616	-0. 378
	仰卧起坐	假设方差相等	0. 013	0. 910	-9. 233	258	0. 000	-10. 486	1. 136	-12. 723	-8. 250
		假设方差不相等			-9. 065	195. 308	0. 000	-10. 486	1. 157	-12. 768	-8. 205
	坐位体前屈	假设方差相等	0. 254	0. 615	-1. 044	258	0. 298	-0. 8491	0. 8136	-2. 4512	0. 7530
		假设方差不相等			-1. 014	188. 610	0. 312	-0. 8491	0. 8373	-2. 5007	0. 8026
	50 米	假设方差相等	7. 355	0. 007	5. 251	258	0. 000	0. 5727085	0. 1090720	0. 3579238	0. 7874931
		假设方差不相等			5. 555	242. 649	0. 000	0. 5727085	0. 1031048	0. 3696139	0. 7758030
女	一分钟跳绳	假设方差相等	1. 036	0. 310	2. 264	268	0. 024	6. 803	3. 005	0. 886	12. 721
		假设方差不相等			2. 296	245. 697	0. 022	6. 803	2. 963	0. 968	12. 639
	仰卧起坐	假设方差相等	0. 541	0. 462	-8. 123	268	0. 000	-7. 075	0. 871	-8. 790	-5. 360
		假设方差不相等			-8. 286	249. 632	0. 000	-7. 075	0. 854	-8. 757	-5. 393
	坐位体前屈	假设方差相等	0. 446	0. 505	0. 971	268	0. 333	0. 6046	0. 6228	-0. 6215	1. 8307
		假设方差不相等			0. 966	229. 968	0. 335	0. 6046	0. 6261	-0. 6291	1. 8383
	50 米	假设方差相等	7. 876	0. 005	3. 599	268	0. 000	-. 3951705	0. 1097979	0. 1789942	0. 6113467
		假设方差不相等			3. 795	266. 201	0. 000	0. 3951705	0. 1041211	0. 1901648	0. 6001761

表 9　2014 年、2015 年红星二场学校男生、女生身体素质各项指标的独立样本 T 检验

独立样本检验

性别			方差方程的 Levene 检验		均值方程的 t 检验						
			F	Sig.	t	df	Sig.（双侧）	均值差值	标准误差值	差分的 95% 置信区间 下限	差分的 95% 置信区间 上限
男	一分钟跳绳	假设方差相等	0. 189	0. 665	0. 849	87	0. 398	4. 248	5. 004	-5. 697	14. 193
		假设方差不相等			0. 850	86. 497	. 398	4. 248	4. 998	-5. 687	14. 183
	仰卧起坐	假设方差相等	0. 024	0. 877	-3. 021	87	0. 003	-5. 721	1. 894	-9. 485	-1. 956
		假设方差不相等			-3. 020	86. 728	0. 003	-5. 721	1. 895	-9. 487	-1. 955
	坐位体前屈	假设方差相等	0. 944	0. 334	-1. 435	87	0. 155	-1. 6300505	1. 1356282	-3. 8872345	0. 6271335
		假设方差不相等			-1. 438	85. 507	0. 154	-1. 6300505	1. 1336348	-3. 8838271	0. 6237261
	50 米	假设方差相等	3. 817	0. 054	2. 322	87	0. 023	0. 5303535	0. 2284377	0. 0763089	0. 9843981
		假设方差不相等			2. 329	81. 399	0. 022	0. 5303535	0. 2277011	0. 0773333	0. 9833737
女	一分钟跳绳	假设方差相等	0. 133	0. 717	0. 893	71	0. 375	5. 554	6. 220	-6. 849	17. 956
		假设方差不相等			0. 885	65. 727	0. 379	5. 554	6. 274	-6. 974	18. 081
	仰卧起坐	假设方差相等	0. 007	0. 935	-2. 903	71	0. 005	-5. 320	1. 833	-8. 974	-1. 665
		假设方差不相等			-2. 932	70. 411	0. 005	-5. 320	1. 814	-8. 938	-1. 701
	坐位体前屈	假设方差相等	3. 712	0. 058	-0. 012	71	0. 990	-0. 0181818	1. 4854203	-2. 9800257	2. 9436621
		假设方差不相等			-0. 012	61. 056	0. 990	-0. 0181818	1. 5165669	-3. 0506881	3. 0143245
	50 米	假设方差相等	1. 057	0. 307	2. 998	71	0. 004	0. 7113636	0. 2372950	0. 2382109	1. 1845163
		假设方差不相等			3. 056	70. 998	0. 003	0. 7113636	0. 2327875	0. 2471983	1. 1755289

1.063，假设方差不相等，Sig. 值为 0.024，P＜0.05，2014 年和 2015 年坤县小学女生一分钟跳绳的成绩呈现显著性差异。从均值差可以看出，2015 年坤县小学五年级女生坐位体前屈 50 米、仰卧起坐成绩较 2014 年有所提高，一分钟跳绳的成绩有所下降。

3. 2014、2015 年红星二场学校男生、女生身体素质各项指标独立样本 T 检验分析

从表 9 中可以看出，2014 年和 2015 年红星二场学校五年级男生一分钟跳绳、坐位体前屈和 50 米的成绩无显著性差异。2014 年和 2015 年仰卧起坐成绩的独立样本 T 检验数值显示，F 值为 0.024，假设方差不相等，Sig. 值为 0.003，P＜0.05，2014 年和 2015 年红星二场学校男生仰卧起坐的成绩呈现显著性差异。从均值差中可以看出，2015 年红星二场学校五年级男生仰卧起坐的成绩较 2014 年有所提高。

从表 9 中还可以看出，2014 和 2015 年红星二场学校五年级女生坐位体前屈、仰卧起坐和一分钟跳绳的成绩无显著性差异。2014 年和 2015 年红星二场学校女生 50 米成绩的独立样本 T 检验数值显示，F 值为 1.057，假设方差不相等，Sig. 值为 0.003，P＜0.05，2014 年和 2015 年红星二场学校女生 50 米的成绩呈现显著性差异。从均值差可以看出，2015 年红星二场学校五年级女生 50 米成绩较 2014 年有所提高。

四、结　论

运用 SPSS 方差分析，独立样本 T 检验的方法，分析 2014 年和 2015 年三所学校五年级男生、女生身体素质测试各项指标的平均值，标准差；三所学校之间五年级男生、女生身体素质测试各项指

标是否存在显著性差异，并进一步针对有显著性差异的身体素质指标进行两两比较；分析同一学校2014年五年级男生、女生身体素质测试各项指标与2015年的各项指标之间是否存在显著性差异。研究结论如下：

（1）2014年三所小学五年级男生的腰腹力量稍差，速度素质一般，柔韧性较好。2015年三所小学男生的速度素质、灵敏素质尚需练习提高。50米与坐位体前屈的均值及及格率情况良好。

（2）2014年三所小学五年级女生的身体素质各项测试数值，速度素质和力量素质稍差，速度素质、柔韧性素质一般。2015年三所学校五年级女生各项身体素质测试的及格率较2014年有所提升。速度素质和柔韧性素质较好，需要加强速度、灵敏性练习和腰腹力量的练习。

（3）2014年三所小学五年级男生的仰卧起坐、坐位体前屈和一分钟跳绳呈现显著性差异；2015年三所小学五年级男生的坐位体前屈、一分钟跳绳和仰卧起坐呈现显著性差异。

（4）2014年三所小学五年级女生的仰卧起坐呈现显著性差异；2015年三所学校五年级女生的坐位体前屈、一分钟跳绳和仰卧起坐呈现显著性差异。

（5）通过对2014年三所学校五年级男生呈现显著性差异的项目继续进行两两比较发现，坤县小学五年级男生的柔韧性和速度、灵敏素质较其他两个学校差，需要在今后的体育课和课外体育活动中加强练习。通过对2015年三所学校五年级男生呈现显著性差异的项目继续进行两两比较发现，坤县小学需要加强五年级男生柔韧性、速度和灵敏素质的练习；红星二场学校需要加强五年级男生腰腹力量的练习。

（6）通过对2014年三所学校五年级女生呈现显著性差异的项

目继续进行两两比较发现，红星二场学校需要在今后的体育课和课外体育活动中加强五年级女生的腰腹力量练习。通过对2015年三所学校五年级女生呈现显著性差异的项目继续进行两两比较发现，坤县一中需要加强五年级女生柔韧性和速度、灵敏素质的练习；红星二场学校需要加强五年级女生腰腹力量的练习。

（7）运用SPSS独立样本T检验分析得出，2015年哈密二小男生坐位体前屈和仰卧起坐的成绩较2014年有所提高，2015年哈密二小女生坐位体前屈、仰卧起坐和一分钟跳绳的成绩较2014年有所提高；2015年坤县小学男生50米和仰卧起坐的成绩较2014年有所提高，2015年坤县小学五年级女生坐位体前屈、50米、仰卧起坐成绩较2014年有所提高，一分钟跳绳的成绩有所下降；2015年红星二场学校五年级男生仰卧起坐的成绩较2014年有所提高，2015年红星二场学校五年级女生50米成绩较2014年有所提高。

参考文献

［1］史俊．连云港市农村中学学生体质健康调查分析研究［J］．体育科技文献通报，2007.

［2］武杰等．新疆维、哈、蒙、锡、塔、回七民族成年人体质与健康调研［M］．新疆教育出版社，2004. 10.

［3］中国学生体质与健康研究组．2005年中国学生体质与健康研究报告［M］．北京高等教育出版社，2008.

［4］魏海滨．新疆锡伯族7—18岁学生体质状况调查分析［D］．新疆师范大学硕士论文，2010.

［5］教育部．国家学生体质健康标准（2014年修订）．［M］．2014.

参与课题组研究的部分学生掠影：

刘鑫磊，本科生，参加新疆调研，已留京在中学工作

王磊，本科生，参加新疆调研，援藏工作一年，继续攻读硕士学位

范美玲，本科生，参加新疆调研，如今在浙江卫视工作

附件 1

教育部新世纪优秀人才支持计划“新疆青少年（13—17 岁）身心健康发展研究”课题调查问卷

问卷编号：________________

新疆青少年体育行为与身心健康状况调查问卷（体育教师）

尊敬的各位老师：

您好！首先感谢您抽出宝贵时间为我们填写问卷！

为了更好地了解新疆青少年（13—17 岁）身心发展状况，本课题组将从新疆青少年体育行为、身体素质和心理素质的状况角度来进行教师问卷调查和教师访谈工作，旨在更加深入地研究影响新疆青少年身心健康发展的相关因素。本问卷是匿名的，回答没有正误之分，请您如实填写。您的回答将会给本研究提供很好的参考依据，在此表示感谢！

《新疆青少年（13—17 岁）身心健康发展研究》课题组

2014 年 10 月 27 日

注：请在所选答案的号码上打“√”，若选择“其他”或需要填空的内容，请把具体内容填在后面的“________”。

1. 年龄：________岁　　民族：________
2. 性别：A. 男　　B. 女

   您是否为专职体育教师？　　A. 是　　B. 否
3. 您从事体育教学的年限________年

4. 您受教育的程度：

A. 高中或中专　B. 大专　C. 本科　D. 硕士及以上

5. 您所在的学校名称________________；学校每班每周上____节体育课；您目前每周课时量是__________学时。

6. 您目前所教授的年级是______，主要教学内容有________、__________、__________、__________、__________、__________、________________。

7. 您认为新疆青少年的整体身体素质发展状况如何？

A. 非常好　B. 较好　C. 一般

D. 较差　E. 非常差

8. 您认为您学生的各项身体素质发展是否均衡？

A. 是　B. 否

9. 您认为您学生的哪些身体素质差？（可多选）

A. 速度　B. 耐力（心肺功能）　C. 力量

D. 柔韧　E. 灵敏

10. 您认为新疆青少年身体素质发展的主要问题是？（可多选）

A. 身体素质发展不均衡

B. 身体素质整体发展较差，身体素质不断下降

C. 没有形成有效的评价体系进行督促

D. 各方面未采取积极有效的应对措施

E. 其他（请注明）________________

11. 您认为学生身体素质出现问题受哪些因素的影响？（可多选并排序）

A. 家庭教育

B. 应试教育

C. 营养

D. 体育政策

E. 体育课、课外体育活动开展

F. 网络

G. 遗传因素

H. 风俗习惯

I. 地理环境

J. 其他（请注明）＿＿＿＿＿＿＿＿

请您按照重要程度由大到小进行排序（只填序号）＿＿＿＿＿＿

12. 您认为您所在学校学生的整体心理素质状况如何？

A. 非常好　　B. 较好　　C. 一般

D. 较差　　E. 非常差

13. 您认为您所在学校学生的适应能力如何？

A. 非常好　　B. 较好　　C. 一般

D. 较差　　E. 非常差

14. 您认为您所在学校学生的人际交往能力如何？

A. 非常好　　B. 较好　　C. 一般

D. 较差　　E. 非常差

15. 您认为您所在学校学生的情绪控制能力如何？

A. 非常好　　B. 较好　　C. 一般

D. 较差　　E. 非常差

16. 您认为学生的心理素质受哪些因素的影响（可多选并排序）

A. 身体素质

B. 应试教育

C. 家庭教育

D. 学生自身习惯

E. 网络

F. 遗传因素

G. 风俗习惯

H. 地理环境

I. 其他（请注明）______________

请您按照重要程度由大到小进行排序（只填序号）__________

17. 据您了解，学生在体育课中的整体表现如何？

A. 非常好　　B. 较好　　C. 一般

D. 较差　　E. 非常差

18. 您觉得学生对体育课的态度如何？

A. 非常喜欢　　B. 较喜欢　　C. 一般

D. 不喜欢　　E. 非常不喜欢

19. 在工作中，您教授过以下哪些体育与健康知识？（可多选）

A. 科学锻炼知识

B. 体能练习方法

C. 运动安全知识

D. 运动损伤处理知识

E. 以上均未教授

20. 您所在的学校是否组织学生进行课外体育活动？

A. 是　　B. 否

21. 您所在学校是否能保证学生每天 1 小时的体育锻炼？

A. 是　　B. 否

22. 据您了解，家长是否安排学生进行校外体育锻炼？

A. 是　　B. 否

23. 您所在学校是否能开足体育课？

A. 是　　B. 否

24. 您所在学校是否有体育课被占用的现象？

A. 是　　B. 否

25. 您所在的学校每年举行多少种校内体育竞赛？

A. 0 种　　B. 1—2 种　　C. 3—4 种

D. 5—6 种　　E. 7 种或 7 种以上

26. 您所在的学校是否有体育大课间？

A. 是　　B. 否

27. 您学校进行《国家学生体质健康标准》测试的形式是什么？

A. 随堂测试

B. 达标运动会测试

C. 学校统一测试（不计名次）

28. 您所在学校的体育器材数量或种类是否能够满足学生进行体育课学习与课外锻炼的需要？

A. 是　　B. 否

29. 据您了解，家长对于学生参加体育锻炼的态度如何？

A. 非常支持　　B. 较支持　　C. 没有明确态度

D. 不支持　　E. 非常不支持

30. 您认为学生的学业压力对其参与体育课及课外体育活动的影响程度如何？

A. 非常大　B. 较大　C. 一般　D. 较小　E. 非常小

31. 您认为应试教育对您所在学校体育课及其课外活动开展的影响如何？

A. 非常大　　B. 较大　　C. 一般

D. 较小　　E. 非常小

32. 您认为体育课与体育活动对于提高学生心理素质的作用如何？

A. 非常大　　B. 较大　　C. 一般

D. 较小　　E. 非常小

33. 您认为把体育列入升学考试科目，能促进新疆青少年身心的全面发展吗？

A. 是　　B. 否

再次感谢您的支持与配合！祝您工作顺利，万事如意！

维吾尔语翻译的调查问卷

«شىنجاڭ ياش ئۆسمۈرلىرىنىڭ تەن ساغلاملىقى تەرەققىياتى ھەققىدە تەتقىقات»تېمىسىنىڭ تەكشۈرۈپ ئېنىقلاش سوئال قەغىزى

قەغەز تەرتىپ نومۇرى:---------

شىنجاڭ ياش ئۆسمۈرلىرىنىڭ تەنتەربىيە پائالىيىتى ۋە جىسمانىي ساغلاملىقى ھەققىدىكى تەكشۈرۈپ ئېنىقلاش سوئالى(تەنتەربىيە ئوقۇتقۇچىلىرى ئاساس)

ھۆرمەتلىك ئۇستازلار:

ياخشىمۇ سىز! ئالدى بىلەن سىلەرنىڭ ئالتۇندەك قىممەت ۋاقىتلىرىڭلارنى ئاجرىتىپ بىز ئۈچۈن تەكشۈرۈش سوئال قەغىزىنى تولدۇرۇپ بەرگىنىڭلارغا چوڭقۇر رەھمىتىمىزنى بىلدۈرىمىز.

شىنجاڭ ياش ئۆسمۈرلىرىنىڭ جىسمانىي ساغلاملىق تەرەققىيات ئەھۋالىنى يەنىمۇ چوڭقۇرلاپ چۈشىنىش ئۈچۈن، بۇ تەتقىقات گۇرۇپپىمىز شىنجاڭدىكى ياش ئۆسمۈرلەرنىڭ تەنتەربىيە پائالىيىتى، بەدەن ساپاسى ۋە پىسخىكا ساپاسىنىڭ ئەھۋالىنى ئوقۇتقۇچىلارغا تەكشۈرۈش سوئال قەغىزى ۋە ئوقۇتقۇچىلار بىلەن يۈزتۇرانە پىكىرلىشىش ئارقىلىق تېخىمۇ چوڭقۇرلىغان ھالدا شىنجاڭدىكى ياش ئۆسمۈرلەرنىڭ بەدەن سۈپىتىگە تەسىر كۆرسىتىدىغان ئامىللار توغرىسىدا ئىنچىكە تەرقىقات ئېلىپ باردۇق. بۇ تەكشۈرۈش قەغىزىدە ئىسىم تىلغا ئېلىنمايدۇ، جاۋاپلارنىڭ توغرا-خاتالىق پەرقى ئايرىلمايدۇ. شۇنىڭ ئۈچۈن ھەققىي ئەھۋاللارنى يېزىشىڭىزنى ئۈمىد قىلىمىز. بەلكىم سىزنىڭ تەمىنلىگەن ئەمەلىي ئۈچۈرلىرىڭىز بىزنىڭ تەتقىقاتىمىز ئۈچۈن ئىنتايىن مۇھىم ماتىرىيالۋى ئىسپات بولۇپ قېلىشى مۇمكىن. ماسلاشقىنىڭىزغا رەھمەت!

«شنجاڭ ياش ئۆسمۈرلىرىنىڭ تەن ساغلاملىقى تەرەققىياتى ھەققىدە تەتقىقات»گورۇپپىسى

2014 ـ يىلى10 ـ ئاينىڭ27 ـ كۈنى

دىققەت:تاللىغان جاۋابىڭىزنىڭ نومۇرى ئۈستىگە« √ »بەلگىسىنى،ئەگەر«باشقا»دىگەننى تاللىماقچى بولسىڭىز ياكى پىكرىڭىزنى يازماقچى بولسىڭىز سوئالنىڭ ئاخىردىكى سىزىقلىق بوش ئورۇنغا يازسىڭىز بولىدۇ. «ـ ـ ـ ـ ـ ـ ـ ـ ـ ـ»

1.يېشىڭىز:ـ ـ ـ ياش . مىللىتىڭىز:ـ ـ ـ ـ ـ ـ

2.جىنسىڭىز:ـ ـ ـ ئەر ( ) ئايال ( )

3.سىز كەسپى تەنتەربىيە ئوقۇتقۇچىسىمۇ؟

ھەئە( ) ياق( )

4.سىزنىڭ تەنتەربىيە ئوقۇتۇشى بىلەن شۇغۇللانغان يىلىڭىز ـ ـ ـ يىل

5.مەدەنىيەت سەۋىيەڭىز:

تولۇق ئوتتۇرا ياكى ئوتتۇرا تېخنىكۇم ( )

مەخسۇس كۇرۇس( ) تولۇق كۇرۇس( ) ئاسپىرانت ياكى ئۇنىڭدىن يۇقۇرى( )

6.مەكتىۋىڭىزنىڭ ئىسمى:ـ ـ ـ ـ ـ ـ ـ ـ ـ ـ ـ ـ ـ ـ ـ ـ ـ ـ

مەكتىۋىڭىزدە ھەربىر سىنىپ بىر ھەپتىدە قانچە سائەت تەنتەربىيە دەرسى ئۆتۈلىدۇ:ـ ـ ـ ـ سىز ھەپتىدە قانچە سائەت تەنتەربىيە دەرسى ئۆتىسىز؟:ـ ـ ـ ـ ـ ـ ـ

7.سىز نەچچىنچى يىللىققا دەرس بېرىسىز؟:ـ ـ ـ ـ ئاساسلىق ئۆتۈلىدىغان تەنتەربىيە دەرسىنىڭ مەزمۇنى

نىمە؟:ـ ـ ـ ـ ،ـ ـ ـ ـ ـ ـ ـ ـ ـ ،ـ ـ ـ ـ ـ ـ ـ ـ ـ ـ ،ـ ـ ـ ـ ـ ـ ـ ـ ـ ـ ـ ـ ـ ـ ـ ،ـ ـ ـ

.-----------،-------

8.سىزنىڭچە شىنجاڭدىكى ياش ئۆسمۈرلەتنىڭ ئومۇمى جىسمانى ساپاسىنىڭ تەرەققىيات ئەھۋالى قانداق؟

ناھايىتى ياخشى( ).خېلى ياخشى( ).ئادەتتىكىچە( ).ئانچە ياخشى ئەمەس(   ). ئىنتايىن ناچار(   ).

9.سىزنىڭچە ئوقۇغۇچىللىرىڭىزنىڭ ئومۇمى بەدەن تەرەققىيات ئەھۋالى تەكشىمۇ؟

ھەئە(   ). ياق(   ).

10.سىزنىڭچە ئوقۇغۇچىللىرىڭىزنىڭ قايسى تەرەپتىكى بەدەن سۈپەت ھالىتى تۆۋەنرەك؟(كۆپ تاللىسىڭىز بولىدۇ)

سۈرئەت( )چىدامچانلىق( )كۈچ() ئەۋرىشىمچانلىق( )ئىنكاس(   )

11.سىزنىڭچە شىنجاڭ ياش ئۆسمۈرلىرنىڭ بەدەن سۈپىتىدە ساقلانغان ئاساسلىق مەسىللەر قايسى؟

بەدەن سۈپەت تەرەققىيات ئەھۋالى تەكشىسىز(   )

بەدەن سۈپىتىنىڭ ئومۇمى تەرەققىيات ھالىتى ئانچە ياخشى ئەمەس ھەم ئۈزلۈكسىز چۈشۈش ھالىتىدە()

ئۈنۈملۈك بولغان تەكشۈرۈپ نازارەت قىلىش ھالىتى شەكىللەنمىگەن(   )

ھەرقايسى تەرەپلەردە ئۈنۈملۈك ۋاستە قوللىنىلمىغان(   )

باشقا (ئەسكەرتىپ يېزىڭ)--------------.

12.سىزنىڭچە ئوقۇغۇچىلارنىڭ بەدەن سۈپىتىدە مەسىلە كۆرۈلۈشى قايسى ئامىللارنىڭ تەسىرگە ئۇچرايدۇ؟(كۆپ تاللىسىڭىز بولىدۇ)

ئائىلە تەربىيىسى(   ).ئەنئەنىۋى تەربىيە(   ).ئوزۇقلۇق(   ).تەنتەربىيە

تۈزۈلمىسى(　　)تەنتەربىيە دەرسى ۋە دەرستىن سىرتقى تەنتەربىيە پائالىيەتلىرىنىڭ قانات يايدۇرۇلىشى(　　).تور(　　).ئىرسىيەت ئامىلى(　　).ئەنئەنىۋى ئۆرۈپ ئادەت(　　).جۇغراپىيەلىك مۇھىت(　　).

باشقا(ئەسكەرتىپ يېزىڭ):- - - - - - - - - - - - - - - - .

13.سىزنىڭچە سىز ئىشلەۋاتقان مەكتەپتىكى ئوقۇغۇچىلارنىڭ ئومۇمىي پسىخىكا ساپا ئەھۋالى قانداق؟

ناھايىتى ياخشى(　　).خېلى ياخشى(　　).ئادەتتىكىچە(　　).ئانچە ياخشى ئەمەس(　　).

ئىنتايىن ناچار(　　).

14.سىز ئىشلەۋاتقان مەكتەپتىكى ئوقۇغۇچىلارنىڭ ماسلىشىش ئىقتىدارى قانداق؟

ناھايىتى ياخشى(　　).خېلى ياخشى(　　).ئادەتتىكىچە(　　).ئانچە ياخشى ئەمەس(　　).

ئىنتايىن ناچار(　　).

15.سىزنىڭچە سىز ئىشلەۋاتقان مەكتەپتىكى ئوقۇغۇچىلارنىڭ كىشىلىك تۇرمۇشتىكى ئالاقە ئىقتىدارى قانداق؟

ناھايىتى ياخشى(　　).خېلى ياخشى(　　).ئادەتتىكىچە(　　).ئانچە ياخشى ئەمەس(　　).

ئىنتايىن ناچار(　　).

16.سىزنىڭچە سىز ئىشلەۋاتقان مەكتەپتىكى ئوقۇغۇچىلارنىڭ كەيپىياتىنى كونترول قىلىش ئىقتىدارى قانداق؟

ناھايىتى ياخشى(　　).خېلى ياخشى(　　).ئادەتتىكىچە(　　).ئانچە ياخشى ئەمەس(　　).

ئىنتايىن ناچار(　　).

17. سىزنىڭچە ئوقۇغۇچىلارنىڭ پىسخىكا ساپاسى قايسى ئامىللارنىڭ تەسىرىگە ئۇچرايدۇ؟

بەدەن ساپاسى( ). ئەنئەنىۋى تەربىيە( ). ئائىلە تەربىيىسى( ). ئوقۇغۇچىلارنىڭ ئادەتلىنىشى( ). تور( ). ئېرسىيەت ئامىلى( ). ئەنئەنىۋى ئۆرپ ئادەت( ). جۇغراپىيەلىك مۇھىت( ).

باشقا(ئەسكەرتىپ يېزىڭ):- - - - - - - - - - - - - - - - .

18. چۈشۈنىشىڭىزچە، ئوقۇغۇچىلارنىڭ تەنتەربىيە دەرسىدىكى ئومۇمىي ئىپادىسى قانداق؟

ناھايىتى ياخشى( ). خېلى ياخشى( ). ئادەتتىكىچە( ). ئانچە ياخشى ئەمەس( ). ئىنتايىن ناچار( ).

19. سىزنىڭچە ئوقۇغۇچىلارنىڭ تەنتەربىيە دەرسىگە بولغان پوزىتسىيەسى قانداق؟
ناھايىتى ياخشى( ). خېلى ياخشى( ). ئادەتتىكىچە( ). ئانچە ياخشى ئەمەس( ). ئىنتايىن ناچار( ).

20. خىزمەت جەريانىدا سىز تەنتەربىيە ۋە ساغلاملىقنقا مۇناسىۋەتلىك بىلىملەرنىڭ قايسىللىرنى ئۆتۈپ باقتىڭىز؟

ئىلمىي چېنىقىش بىلىملىرى( ). بەدەن مەشقلەندۈرۈش ئۇسۇللىرى( )

تەنھەرىكەت بىخەتەرلىك بىلىملىرى( ). تەنتەربىيەدە يارلىنىش ۋە يارلىنىشنىڭ ئالدىنى ئېلىش بىلىملىرى( ). يۇقۇرقىلارنىڭ ھېچقايسىسىنى ئۆتۈپ باقمىدىم( ).

21. سىز ئىشلەۋاتقان مەكتەپتە ئوقۇغۇچىلارنى دەرستىن سىرتقى پائالىيەتلەرگە تەشكىللەمدۇ - يوق؟

ھەئە( ). ياق( ).

22. سىز ئىشلەۋاتقان مەكتەپتە ئوقۇغۇچىلارنى كۈندە بىر سائەت چېنىقتۇرۇش ئەمىلىلەشكەنمۇ - يوق؟

ھەئە( ). ياق( ).

23. چۈشۈنىشىڭىزچە ئوقۇغۇچىلارنىڭ ئائىلە باشلىقلىرى ئوقۇغۇچىلارنىڭ دەرستىن سىرتقى تەنتەربىيە پائالىيىتى بىلەن شۇغۇللىنىشىنى قوللامدۇ - يوق؟

ھەئە( ). ياق( ).

24. سىز ئىشلەۋاتقان مەكتەپتە ئېچىۋىتىلگەن تەنتەربىيە دەرسى يولغا قويۇلغانمۇ؟

ھەئە( ). ياق( ).

25. سىز ئىشلەۋاتقان مەكتەپتە تەنتەربىيە دەرسىنىڭ ئورنىنى باشقا دەرسلىكلەر ئىگەللىۋالىدىغان ئەھۋاللار مەۋجۇتمۇ؟

ھەئە( ). ياق( ).

26. سىز ئىشلەۋاتقان مەكتەپتە يىلدا قانچە خىل مەكتەپ ئىچى تەنتەربىيە مۇسابىقىلىرى ئېلىپ بېرىلىدۇ؟

0خىل( )1-2خىل( ).3-4خىل( ).5-6خىل( ).7خىل ۋە ئۇنىڭدىن يۇقىرى( )

27. سىز ئىشلەۋاتقان مەكتەپتە دەرس ئارىلىقىدىكى مەكتەپ خاراكتېرلىك چېنىقىش پائالىيىتى بارمۇ؟

ھەئە( ). ياق( ).

28. مەكتىۋىڭىزدە «مەملىكەتلىك ئوقۇغۇچىلارنىڭ بەدەن سۈپىتىنى باھالاش ئۆلچىمى»قايسى خىل ئۇسۇلدا ئېلىپ بېرىلىدۇ؟

ئىختىيارى ئۆلچەش( ).يىلنىڭ ئاتلىتكا تەنھەركەت يىغىنىنى ئاساس قىلىپ ئۆلچەش( ).مەكتەپ بىرتۇتاش ئۆلچەش( )

29. سىز ئىشلەۋاتقان مەكتەپتە تەنتەربىيە ئەسلىھەلىرى ۋە تۈرلىرى ئوقۇغۇچىلارنىڭ تەنتەربىيە دەرسى ۋە چېنىقىش ئېھتىياجىنى تولۇق قاندۇرالامدۇ؟

ھەئە( ). ياق( ).

30.سىزنىڭچە ئوقۇغۇچىلارنىڭ ئۆگىنىش بېسىمىنىڭ ئوقۇغۇچىلارنىڭ تەنتەربىيە دەرسىگە قاتنىشىشى ۋە دەرستىن سىرتقى تەنتەربىيە پائالىيىتىگە قاتنىشىشىغا بولغان تەسىرى قانداق؟

ناھايىتى زور( ).خېلى زور( ).ئادەتتىكىچە( ).ئانچە ئەمەس( ).ناھايىتى ئاز( ).

31.سىزنىڭچە ئەنئەنىۋى مائارىپنىڭ ئوقۇغۇچىلارنىڭ تەنتەربىيە دەرسىگە قاتنىشىشى ۋە دەرستىن سىرتقى تەنتەربىيە پائالىيىتىگە قاتنىشىشىغا بولغان تەسىرى قانداق؟

ناھايىتى زور( ).خېلى زور( ).ئادەتتىكىچە( ).ئانچە ئەمەس( ).ناھايىتى ئاز( ).

32.سىزنىڭچە تەنتەربىيە دەرسى ۋە دەرستىن سىرتقى تەنتەربىيە پائالىيىتىنىڭ ئوقۇغۇچىلارنىڭ پسىخىكا ساپاسىنى ئۆستۈرۈشتىكى رولى قانداق؟

ناھايىتى زور( ).خېلى زور( ).ئادەتتىكىچە( ).ئانچە ئەمەس( ).ناھايىتى ئاز( ).

33.سىزنىڭچە تەنتەربىيە دەرسىنى ئۆرلەپ ئوقۇشنىڭ ئىمتاھان ئۆلچىمى قىلىش شىنجاڭدىكى ياش-ئۆسمۈرلەرنىڭ بەدەن ساپاسىنى ئۆستۈرۈشتە رولى چوڭمۇ؟

ھەئە( ). ياق( ).

كۆپچىلىكنىڭ قوللىغىنىغا كۆپ رەھمەت!!!!!

附件 2

座谈会的主要议题

1. 学生身体素质现状。哪个或哪些素质最弱。身体素质出现问题的原因。

2. 学生的体育课、课外体育锻炼情况。

3. 体育课程开设内容、体育课时数、场地、器材、课外活动、家长是否重视、学校是否重视、大课间开展情况。

4. 学生是否喜欢体育课、学生的学业压力、应试教育的影响。

5. 学生的心理素质现状。适应能力、人际交往、情绪控制、学习动机等。

6. 人文风俗、环境对学生体育锻炼的影响。

附件 3

教师深度访谈主要议题

1. 体育课、课外体育活动的开展。
2. 学生的学业压力。
3. 学生对体育锻炼的兴趣。
4. 家庭对学生体育锻炼习惯养成的影响。
5. 体育课程内容、师资、场地、领导重视体育的程度等。
6. 国家学生体质锻炼标准测试。
7. 学生身体素质现状、原因。
8. 学生心理素质现状、原因。
9. 人文风俗、环境对学生体育锻炼的影响。

附件 4

调查问卷

亲爱的同学，您好！

欢迎参加此次调查活动，本调查采用无记名形式，调查仅为研究所用，谢谢合作！

1. 年级：① 初一□　② 初二□　③ 初三□

2. 性别：① 男□　② 女□

3. 年龄（请填写）：________

4. 民族：① 汉族□　② 维吾尔族□　③ 哈萨克族□
④ 回族□　⑤ 柯尔克孜族□　⑥ 蒙古族
⑦ 其他□（请写出________）

5. 生源地：①城市□　②县/州□　③乡/镇、村□

6. 独生子女：①是□　②否□

7. 您一周上体育课的次数是：____（单选）
① 0 次□　② 1 次□　③ 2 次□　④ 3 次及以上□

8. 除体育课外，您平均每周参加体育运动的次数是：____（单选）
① 0 次□　② 1 次□　③ 2 次□　④ 3 次□
⑤ 4 次及以上□

9. 除体育课外，您每次运动时间为：______（单选）
① 30 分钟以下□
② 30 分钟以上到 60 分钟以下□

③ 60 分钟以上□

10. 除体育课外，您每次参加体育运动的感受是：________（单选）

① 一点不累□　② 有一点点累□　③ 有些累□

④ 比较累□　⑤ 非常累□

11. 最近一周，从周一到周五您每天平均用于课外体育锻炼的时间是________分钟

12. 最近一周，周六、周日您平均用于体育锻炼的时间是____分钟

13. 您上学的方式是____________

① 坐车（私家车、公交、出租车、电动车）

② 骑自行车　③ 走路　④ 住校

14. 您一周上_________节体育课。

15. 最近一周，您花在坐姿状态中的时间是多少______分钟（坐姿包括，上课，阅读，坐姿闲聊，看电视，上网玩游戏等）

16. 最近一周，您周六周日花在坐姿状态的时间是____分钟。

17. 您从周一到周五花在睡眠（包括午睡）上的平均时间是________小时/天。

18. 您周六周日，每天花在睡眠（包括午睡）中的平均时间是________小时/天。

19. 您现在每天总计需要上______节课。

20. 您平均每天做家务（包括劳动）______分钟（没有填 0）

量表一

下面是有关您近来心理状态的一些问题，请您仔细阅读每一个题目，根据自己的实际情况认真填写。每一个题目没有对错之分，

请您尽快回答，不要在每道题上过多思索。您的问卷结果我们将为您绝对保密，请您不要有任何顾虑。

每个题目后边都有五个等级供您选择，用1—5表示程度由低到高：①从无；②轻度；③中度；④偏重；⑤严重。请按照您的实际情况选择最适合描述您的等级，标出相应数字。

注意：每个题目后只能选一个等级，每个题目都要答。

	①从无	②轻度	③中度	④偏重	⑤严重
1. 我不喜欢参加学校的课外活动。	①	②	③	④	⑤
2. 我心情时好时坏。	①	②	③	④	⑤
3. 做作业必须反复检查。	①	②	③	④	⑤
4. 感到人们对我不友好，不喜欢我。	①	②	③	④	⑤
5. 我感到苦闷。	①	②	③	④	⑤
6. 我感到紧张或容易紧张。	①	②	③	④	⑤
7. 我学习劲头时高时低。	①	②	③	④	⑤
8. 我对现在的学校生活感到不适应。	①	②	③	④	⑤
9. 我看不惯现在的社会风气。	①	②	③	④	⑤
10. 为保证正确，做事必须做得很慢。	①	②	③	④	⑤
11. 我的想法总与别人不一样。	①	②	③	④	⑤
12. 总担心自己的衣服是否整齐。	①	②	③	④	⑤
13. 容易哭泣。	①	②	③	④	⑤
14. 我感到前途没有希望。	①	②	③	④	⑤
15. 我感到坐立不安，心神不定。	①	②	③	④	⑤

续表

	①从无	②轻度	③中度	④偏重	⑤严重
16. 经常责怪自己。	①	②	③	④	⑤
17. 当别人看着我或谈论我时，感到不自在。	①	②	③	④	⑤
18. 感到别人不理解我，不同情我。	①	②	③	④	⑤
19. 我经常发脾气，想控制但控制不住。	①	②	③	④	⑤
20. 觉得别人想占我的便宜。	①	②	③	④	⑤
21. 大叫或摔东西。	①	②	③	④	⑤
22. 总在想一些不必要的事情。	①	②	③	④	⑤
23. 必须反复洗手或反复数数。	①	②	③	④	⑤
24. 总感到有人在背后谈论我。	①	②	③	④	⑤
25. 时常与人争论，抬杠。	①	②	③	④	⑤
26. 我觉得对大多数人都不可信任。	①	②	③	④	⑤
27. 我对做作业的热情忽高忽低。	①	②	③	④	⑤
28. 同学考试成绩比我高，我感到难过。	①	②	③	④	⑤
29. 我不适应老师的教学方法。	①	②	③	④	⑤
30. 老师对我不公平。	①	②	③	④	⑤
31. 我感到学习负担很重。	①	②	③	④	⑤
32. 我对同学忽冷忽热。	①	②	③	④	⑤
33. 上课时，总担心老师会提问自己。	①	②	③	④	⑤
34. 我无缘无故地忽然感到害怕。	①	②	③	④	⑤

续表

	①从无	②轻度	③中度	④偏重	⑤严重
35. 我对老师时而亲近，时而疏远。	①	②	③	④	⑤
36. 一听说要考试，心里就感到紧张。	①	②	③	④	⑤
37. 别的同学穿戴比我好，有钱，我感到不舒服。	①	②	③	④	⑤
38. 我讨厌做作业。	①	②	③	④	⑤
39. 家里环境干扰我的学习。	①	②	③	④	⑤
40. 我讨厌上学。	①	②	③	④	⑤
41. 我不喜欢班里的风气。	①	②	③	④	⑤
42. 父母对我不公平。	①	②	③	④	⑤
43. 感到心里烦躁。	①	②	③	④	⑤
44. 我常常无精打采，提不起劲来	①	②	③	④	⑤
45. 别人对我的表现评价不恰当。	①	②	③	④	⑤
46. 我感情容易受到别人的伤害。	①	②	③	④	⑤
47. 觉得心里不踏实。	①	②	③	④	⑤
48. 明知担心没有用，但总害怕考不好。	①	②	③	④	⑤
49. 总觉得别人在跟我作对。	①	②	③	④	⑤
50. 我容易激动和烦恼。	①	②	③	④	⑤
51. 同异性在一起时，感到害羞不自在。	①	②	③	④	⑤
52. 有想伤害他人或打人的冲动。	①	②	③	④	⑤
53. 我对父母时而亲热，时而冷淡。	①	②	③	④	⑤

续表

	①从无	②轻度	③中度	④偏重	⑤严重
54. 我对比我强的同学并不服气。	①	②	③	④	⑤
55. 我讨厌考试。	①	②	③	④	⑤
56. 心里总觉得有事。	①	②	③	④	⑤
57. 经常有自杀的念头。	①	②	③	④	⑤
58. 有想摔东西的冲动。	①	②	③	④	⑤
59. 要求别人十全十美。	①	②	③	④	⑤
60. 同学考试成绩比我高，但能力并不比我强。	①	②	③	④	⑤

量表二

各位同学：你们好！

以下列出一些与你进行体育活动有关的陈述，请逐条阅读并确定你是否同意这些说法以及同意的程度如何：如果你完全同意，选5；如果完全不同意，选1；如果你觉得介乎两者之间，请在1与5之间选择（适合你的）任一数字。

此问卷的调查结果仅作为科学研究所用，与你的体育学习成绩无关，请你务必按照自己的想法如实填写，谢谢合作！

	完全不同意				完全同意
1. 常常在家附近寻找场地进行体育活动；	1	2	3	4	5
2. 我很希望上体育课；	1	2	3	4	5

续表

	完全不同意				完全同意
3. 我认为体育活动能促使我变得更强壮；	1	2	3	4	5
4. 体育课上我的注意力格外集中；	1	2	3	4	5
5. 不临到体育考试，我是不会去参与体育锻炼的；	1	2	3	4	5
6. 我平时喜欢收听电台或收看电视与报纸上的体育报道；	1	2	3	4	5
7. 当体育学习或体育活动遇到困难时，我总是想方设法去解决；	1	2	3	4	5
8. 我常用学过的体育知识和技能进行体育锻炼；	1	2	3	4	5
9. 在体育课上，我经常不参与活动；	1	2	3	4	5
10. 我认为体育学习有助于培养我良好的道德品质，如公平竞争、相互帮助、相互尊重等；	1	2	3	4	5
11. 体育课让我感到枯燥无味；	1	2	3	4	5
12. 如果在体育考试中没有获得好成绩，我是不可能会喜欢体育的；	1	2	3	4	5
13. 我很愿意参与有一定难度的体育活动；	1	2	3	4	5
14. 我的心里老盼着上体育课；	1	2	3	4	5
15. 我认为体育活动能使我更精神。	1	2	3	4	5
16. 我平时喜欢了解体育的有关信息；	1	2	3	4	5
17. 虽然我知道体育锻炼对我的健康非常重要，但只要学习一忙或者功课一多，我就会放弃体育锻炼；	1	2	3	4	5

续表

	完全不同意				完全同意
18. 在我们学习的所有课程中，我最喜欢体育课；	1	2	3	4	5
19. 即使没有好的体育场地和器材，我也会想办法因地制宜地进行体育锻炼；	1	2	3	4	5
20. 我觉得上体育课是一种负担；	1	2	3	4	5
21. 当我情绪不好或学习很紧张时，我常常会通过体育活动来进行调节；	1	2	3	4	5
22. 我渴望阅读更多的体育书籍；	1	2	3	4	5
23. 我不论参加何种体育活动，都会主动去了解相关的练习方法和注意事项；	1	2	3	4	5
24. 我觉得每堂体育课的时间总好像比其他课短；	1	2	3	4	5
25. 当体育学习或体育活动遇到困难时，我会选择放弃；	1	2	3	4	5
26. 我觉得体育课很有趣，非常吸引人；	1	2	3	4	5
27. 在课余时间里，我很少主动参与体育活动；	1	2	3	4	5
28. 上体育课时，我经常希望快些下课；	1	2	3	4	5
29. 每当学了一个新的运动技能或技巧后，我都很想实践一下；	1	2	3	4	5
30. 我觉得每周开设的体育课太少；	1	2	3	4	5
31. 由于体育活动太累、太辛苦，所以我不喜欢参加体育活动；	1	2	3	4	5
32. 我把体育锻炼作为我生活中的重要组成部分；	1	2	3	4	5

续表

	完全不同意				完全同意
33. 我一听到上体育课，就非常反感；	1	2	3	4	5
34. 我经常就体育学习中的疑难问题请教老师或同学；	1	2	3	4	5
35. 我常利用课余时间或节假日进行体育活动；	1	2	3	4	5
36. 体育课上我常常昏昏沉沉，无精打采；	1	2	3	4	5
37. 我喜欢观看现场（或电视转播的）体育比赛；	1	2	3	4	5
38. 若由于体育老师有事或其他原因，不上体育课，我会感到很失望；	1	2	3	4	5
39. 我觉得所学的体育运动知识和技能在生活中没有什么用途；	1	2	3	4	5
40. 每次上完体育课我都感到很愉快；	1	2	3	4	5
41. 我平时经常与同伴谈论体育；	1	2	3	4	5
42. 我认为参与体育活动有助于增强我的自信。	1	2	3	4	5

再次感谢您的合作！

后　记

新疆地区的两次调研给我们课题组留下了难忘的印象，教学条件比较艰苦，寒冷和炎热天气较多，教师们热爱体育教学岗位，积极配合我们的调查工作，留给我们课题组更多的是感动和责任。

感谢能够来到中央民族大学工作，正是“美美与共，知行合一”的环境熏陶，使我慢慢地从钻研体育教学规律的兴趣转移到关注新疆体育教学、青少年身心健康状况上来。感谢中央民族大学曾主抓科研工作的副校长在选题方面给予的启发；感谢中央民族大学原教务处处长、知名专家孙晓天教授指导我进行课题设计；感谢新疆师范大学体育学院、新疆师范大学附中等中小学领导、教师们给予的极大帮助；感谢参与问卷调查、座谈会、深度访谈、学生体质测试工作的众多老师们；感谢我的博士后导师邢文华教授提出了关于心理健康和身体素质如何相结合进行研究的更加完善的研究方法；感谢中央民族大学科研处、人事处在经费管理方面积极配合研究工作，减少了研究工作的后顾之忧。感谢国家留学基金委青年骨干项目的培养，使得书稿在一年的访学时间内最后撰稿完成。

对于课题组来说，关于新疆青少年身心发展的研究才刚刚开始，调研两次也仅仅是形成了初步的印象。今后课题组将长期致力于新疆青少年身心发展的研究，我们同时也需要更多的支持和帮助，我期盼这项研究工作能坚持10年，也许是一生……

董文梅

2016年11月5日于盖恩斯维尔

图书在版编目(CIP)数据

新疆青少年身心发展研究/董文梅,张涛,阿不拉·玉素甫等著.
—北京:中央民族大学出版社,2017.7

ISBN 978-7-5660-1334-7

Ⅰ.①新… Ⅱ.①董… ②张… ③阿… Ⅲ.①青少年—健康教育—研究—新疆 Ⅳ.①G479

中国版本图书馆 CIP 数据核字(2017)第065194号

新疆青少年身心发展研究

作　　者　董文梅　张涛　阿不拉·玉素甫等
责任编辑　李苏幸
封面设计　汤建军
出 版 者　中央民族大学出版社
　　　　　北京市海淀区中关村南大街27号　邮编:100081
　　　　　电话:68472815(发行部)　传真:68932751(发行部)
　　　　　　　68932218(总编室)　　　　68932447(办公室)
发 行 者　全国各地新华书店
印 刷 厂　北京盛华达印刷有限公司
开　　本　787×1092(毫米)　1/16　彩插　12页　印张:12.25
字　　数　200千字
版　　次　2017年7月第1版　2017年7月第1次印刷
书　　号　ISBN 978-7-5660-1334-7
定　　价　58.00元